JOYEUSETÉS

MILITAIRES

PAR

H. de LYNE

ILLUSTRATIONS

DE

Jeanniot

ÉD. MONNIER ET Cie, Éditeurs, 16, rue des Vosges. PARIS

1883

LE LIEUTENANT

CUPIDON

Il a été tiré de cet ouvrage 30 exemplaires sur papier du Japon, signés et numérotés, au prix de 20 francs l'un.

HENRI DE LYNE

LE LIEUTENANT CUPIDON

JOYEUSETÉS MILITAIRES

PARIS

ED. MONNIER ET Cie, ÉDITEURS

16, RUE DES VOSGES, 16

1885

LA CONSCIENCE DU CAPITAINE

LA CONSCIENCE DU CAPITAINE

I

Le capitaine Antoine ne connaît que le règlement, le règlement à la lettre et non entre les lignes.

Esclave du devoir, il ne saurait désobéir aux ordres de sa conscience et moins encore à ceux de ses chefs.

Au reste, bon serviteur, plein de dévouement pour la patrie, de sollicitude pour ses troupiers, il est adoré de ses camarades autant que détesté de ses femmes.

L'autre jour il y avait grande discussion chez lui :

— C'est mal, capitaine, disait une lorette, vous devriez prévenir de vos moyens et à l'avenir je m'entendrai avec vous..... avant.....

— C'est un principe chez moi, répliquait Antoine; il faut être consciencieux avant tout; moi qui commande, qui habille, qui nourris.. beaucoup d'hommes, je connais les gens, je connais les choses, je sais juger et pour tout dire..... cela ne vaut pas plus. Il faut être juste, avoir de la conscience et... beaucoup, beaucoup de conscience...

On frappa. La lorette se cacha derrière les rideaux du lit et notre héros, frisant sa moustache, cria de sa voix ferme et militaire : « Entrez. »

— Mon capitaine, le rapport.

— Lisez, sergent-major.

« Rien de nouveau aujourd'hui... la musique y assistera... le colonel prescrit de veiller à la nourriture des réservistes. »

— Ah! la nourriture des réservistes, dit Antoine, parbleu! je le crois bien... qu'il faut y veiller! mais, sergent-major, il faut avoir de la conscience, vous entendez bien... de... la... conscience.

— Oui, mon capitaine, dit respectueusement le sous-officier, en joignant les talons et en cherchant un assaisonnement de la conscience avec les denrées alimentaires... je comprends, ajouta-t-il, de la conscience dans... par rapport aux... choux... haricots...

— Oui, j'entends que la conscience soit la règle de toutes choses; que la conscience soit à la vie ce que le guide de droite est au peloton, enfin que la conscience règne partout quant aux aliments, quant à la solde des hommes et des... femmes.

— Oui, mon capitaine, répondit le sergent-major, de plus en plus ahuri.

— J'entends donc que l'on distingue la nourriture des réservistes de celle des soldats de l'active, que ces vingt-huit jours qui ont des femmes pour rien ne mangent pas plus que les autres qui paient. Je suis le père des troupiers de la 1re du 1er, moi, vous le savez, hein! et j'ai de la conscience... comprenez-vous bien?

— Oui, mon capitaine, vous dites que vous êtes... père... que...

— Juste ciel! partit une voix de l'alcôve, pourvu que ce ne soit pas avec moi!

Mais Antoine toussa, cracha et le sous-officier n'entendit rien.

— Ainsi donc c'est compris, reprit le supérieur.

— Mais, mon capitaine, la soupe se fait pour toute la compagnie dans la même marmite et il sera impossible de distinguer...

— Rien n'est impossible aux Français; je ne prescris jamais une impossibilité, et si mes ordres ne sont pas exécutés vous aurez de la salle de police. Comprenez-vous, maintenant?

— Oui, mon capitaine.

Et le malheureux, troublé, littéralement abruti, se retira par le pas en arrière, la main au képi, en se heurtant à la table, à une chaise et à la porte.

II

A cinq heures, on sonnait la soupe au quartier et chacun, le bonnet sur l'oreille, guilleret et sifflotant, se dirigeait vers la cuisine.

Ah! c'est un moment agréable que celui du repas! les exercices sont terminés, l'estomac est creusé et le bœuf traditionnel a, en vérité, fort bon goût.

Nos guerriers revenaient donc, portant religieusement leurs gamelles, quand l'un d'eux, passant les mains vides, grommela :

— Vous avez de la chance, vous autres, de n'être pas de la 1re du 1er; il paraît que nous ne mangeons pas ce soir.

III

A sept heures il y avait grand émoi, à la caserne ; partout on se disait gravement : « La guerre est déclarée, car le colonel est au quartier. »

Et, en effet, les sergents-majors étaient réunis à la salle des décisions.

— Écrivez, dit gravement le colonel :

« Supplément au rapport, virgule, la musique n'y assistera pas, un point. »... Relisez... c'est bien, rompez. Adjudant restez... Les ordres du jour sont-ils exécutés?

— Oui... non... mon colonel.

— Comment! non.

— La 1re du 1er n'a pas encore mangé la soupe.

— Tonnerre de Brest! allons aux cuisines.

Dès l'arrivée du colonel un caporal crie : « A vos rangs, fixe ! » et, tout aussitôt, semblable à une marionnette dont le fil se tend subitement, chacun se dresse et reste immobile.

— Que font-ils là, rassemblés, cria le commandant du régiment? Que font-ils tous, autour de ce baquet?

— Mon colonel, dit timidement un sergent, le capitaine a prescrit... ils trient les haricots?

— Comment, ils trient les haricots?

— Oui, les numéros impairs choisissent les blancs et les pairs prennent les rouges.

— Qui a donné cet ordre?

— Mon colonel, les blancs sont pour les soldats de l'active, les rouges pour les réservistes... il faut distinguer... ordre du capitaine.

IV.

Une heure après Antoine recevait un billet.

— C'est de ma belle, dit-il, en le décachetant avec joie, lle reconnaît, ce soir, que j'ai de la... conscience et il lut :

« Capitaine Antoine, vous garderez les arrêts huit jours pour avoir, contrairement aux ordres de la conscience, cherché à semer la discorde dans votre compagnie, en y introduisant deux couleurs politiques. » Signé : le colonel.

L'HORIZONTALE

DES GRANDES MANŒUVRES

L'HORIZONTALE DES GRANDES MANŒUVRES

LIEUTENANT, vous êtes en retard, l'appel est fait et le régiment va se mettre en marche.

— C'est vrai, mon capitaine, mais je dois dire que mon ordonnance, ce matin...

— Oui, ne vous a pas réveillé à temps. Suffit ! monsieur, vous garderez les arrêts deux jours !

Et, en effet, les clairons sonnent le « garde à vous », le colonel commande « marche » et le régiment tout entier, languissant, presque endormi, s'ébranle. Chacun met lourdement l'arme sur l'épaule et, la tête basse, traîne sa guêtre à pas pesants.

Pourtant, en arrivant, hier soir, au village qu'on quitte ce matin, dès l'aurore, ces hommes étaient bien gaillards et bien vifs ; tous, malgré les fatigues d'un combat simulé à travers les champs, marchaient le képi sur l'oreille et la tête haute ; enfin les traînards eux-mêmes, empoignés par l'amour-propre, avaient retrouvé leurs jambes. Tous souriaient en regardant les villageois ébaubis et clignaient de l'œil aux fillettes empourprées. — Que s'est-il donc passé ? Pourquoi, après une nuit de repos voit-on tant de langueur, tant de figures allongées? Sans doute les chefs barbares ont, au mépris des lois humaines, ordonné des services pénibles pour la nuit; sans doute ils ont prescrit des travaux extraordinaires tandis qu'ils puisaient, eux, dans les voluptés du sommeil, les forces nécessaires à l'exercice d'une tyrannie nouvelle. Et pourtant, non, regardez-les; ils sont languissants, eux aussi; leur sabre traîne et ils n'ont pas la force de se porter. Tenez, voyez ce lieutenant; il dort, il se heurte à une pierre; le voilà réveillé : « Marchez donc, dit-il en grognant à ses hommes, on ne sommeille pas en route! » — Que s'est-il donc passé? grand Dieu! A quels labeurs doivent-ils tant de fatigues?

Eh bien, nous allons le savoir par le récit d'une victime, car en campagne la vie de l'un est la vie de tous.

Alcide Nomer (c'est le nom de notre héros) est un de ces jeunes officiers élégants que le ministère sème, au nombre de deux en moyenne, par régiment; c'est une répartition égale dont le contrôle est rigoureusement tenu par la femme même du ministre.

Alcide Nomer était donc aux arrêts et, en rentrant, à la fin de l'étape, dans le nouveau logement que le sort lui assignait, il flairait les issues de sa chambre dans l'espoir de trouver le passe-temps agréable.

Aux arrêts! c'est dur; pas moyen de sortir, de voir l'aspect du village, de coller son monocle sur le coin de l'œil droit et d'étonner une jeune villageoise jusqu'à évanouissement complet. Mais il réfléchit que les camarades, au mépris des lois militaires, viendront lui tenir compagnie, que c'est même de rigueur, et qu'en somme tout va pour le mieux.

A huit heures du soir, notre héros avait l'œil collé à la serrure d'une porte donnant sur une chambre voisine, quand on frappa.

— Ce sont, dit la bonne de la maison, des militaires qui veulent parler à Monsieur.

Tiens! mais elle n'est pas mal, la bonne, dit à voix basse notre ami; je ne l'avais pas encore vue celle-là, d'où sort-elle donc?

— Belle enfant! vous dites que... ah oui! des militaires, eh bien! est-ce qu'ils sont très-pressés?...

— Oui! oui! nous sommes pressés, paillard, dirent plusieurs voix.

— Tiens! tiens! les amis... Entrez, entrez.

— Tu faisais la cour à la bonne, et pour elle tu nous laissais dans l'escalier, dit l'un.

— Mon cher, on fait ce qu'on peut en campagne.

— Ta vieille culotte de peau t'a donc mis à l'ombre, pauvre ami! dit un autre. Bah! en somme, deux jours, c'est vite passé. Tu es arrivé en retard, paraît-il, ce matin, au départ du régiment.

— Oui..... que voulez-vous..... pas dormi..... réveil pénible.....

— Je parie, dit un troisième, qu'il y a un cotillon là-dessous. Cherchons la femme, toujours la femme, même aux grandes manœuvres.

— Oui, ma foi... il y a de ça...

— Oh! le veinard, ajoute le dernier, je n'ai pas réussi, moi. Que s'est-il donc passé? Raconte.

— Oh! une aventure... bonne... drôle... agréable... si on veut.

Le propriétaire à qui le maire m'avait adressé, était parti pour la campagne et j'avais requis une place à l'hôtel, le seul de la localité.

Vers six heures j'ouvrais la porte de ma chambre pour aller dîner, quand j'aperçus une femme... non, une dame...

— Ça ne fait qu'un.

— ... Bien mise, ma foi, jolie et fort provocante... une véritable horizontale.

— Je vois le tableau d'ici, ajoute un des visiteurs. Alors deux jours d'arrêt, ce n'est pas payé!

— ... Vous comprenez qu'à sa vue mes idées se troublèrent. En campagne on s'éprend vite; on n'a pas, comme à la ville, comme à Caen, par exemple, que nous connaissons tous, la comparaison pour tempérer et la possession volontaire pour calmer. Mille pensées jaillirent de mon cerveau, et, frémissant d'impatience, je songeai à une séduction.

Je ne m'empressai pas de refermer ma porte; je tenais à m'assurer du numéro de la chambre qu'elle occupait. O bonheur! c'était justement celle qui faisait face à la mienne. Elle y pénétra et repoussa la porte.

Je serais resté volontiers dans ma chambre pour la revoir encore; mais malheureusement l'heure du dîner approchait et vous êtes impitoyables, vous autres, quand on ne respecte pas militairement l'heure des repas.

— Eh bien, pourquoi est-ce toi qui as fermé, hier, les portes du café? Il était plus de minuit, paraît-il, quand tu en es parti.

— Ah! voilà justement. J'avais tout un plan, un vrai plan d'attaque; mes batteries étaient posées, mais pour faire feu il me fallait de l'obscurité et du repos dans l'hôtel.

« Je sonnai doucement et donnai timidement mon nom au veilleur. Mon cœur battait en montant l'escalier; j'avais hâte de livrer bataille, de pénétrer en vainqueur dans la place et d'imposer une volonté dictée par la passion la plus brutale; puis, revenant subitement à des pensées moins guerrières, je me voyais assis sur le bord de son lit, parlant avec ardeur de mon amour et frémissant de désirs au contact de son beau corps. J'étais donc fort troublé quand j'arrivai à ma porte.

« Mais malheureusement la froide réalité m'apparut avec tout son cortège de glaçons : mon plan allait échouer, si d'autres personnes habitaient, comme nous, les chambres du second étage. Comment le savoir? Quel stratagème employer?

« Mes amis, j'ai pris cette nuit une leçon de tactique et si j'étais ministre, j'ordonnerais que tous nos généraux soient amoureux, car l'amour rend ingénieux et les ruses de guerre sont, à elles seules, comme vous le savez, l'objet d'études spéciales.

« Je conçus l'idée d'entrer dans toutes les chambres, comme si je me trompais sincèrement. Je commençai par celles qui se trouvaient sur le même côté que la mienne. Je tournai le loquet de l'une d'elles, la porte s'ouvrit; je pénétrai avec une certaine appréhension, car en marchant à tâtons pour trouver le lit, je pouvais être pris pour un voleur : le lit était vide. Je passai à la suivante, puis aux autres et, toujours avec les mêmes émotions, je m'assurai que ma belle horizontale et moi nous étions absolument seuls sur le palier.

« La reconnaissance du terrain étant faite, il s'agissait maintenant de commencer l'attaque et une attaque vigoureuse.

« Je pensai que ma voisine pouvait avoir le sommeil léger et m'avait entendu ouvrir et fermer les portes, aussi :

— Sacrebleu ! m'écriai-je de façon à être entendu d'elle, je ne retrouve pas ma chambre et je suis sans allumettes...

Puis après un silence :

— Je vais me coucher par terre...

« Même silence, silence terrible, silence de mort qui fait tourner la passion en rage. Une idée me traversa l'esprit : peut-être est-elle partie ce soir ; Juliot m'a affirmé avoir vu une jolie femme prendre le train de huit heures.

— Il n'y a donc personne, criai-je très fort, pas une âme charitable ici pour me donner une allumette ?...

« J'entendis un bruit léger dans la chambre de ma voisine. J'y collai l'oreille ; mais le bruit avait cessé... elle ne se levait pas.

« J'entrepris alors une attaque désespérée : j'essayai d'entrer chez elle... mais la porte était fermée et tout aussitôt une voix enchanteresse me dit :

— Que désirez-vous, Monsieur ?

— Une allumette, Madame, une seule pour retrouver ma chambre.

— Eh bien, alors, Monsieur, attendez un instant, je passe ma robe.

— Mais ne passez rien... qu'une allumette.

— Cependant...

— Oh ! soyez sans crainte. . . . .

« La porte s'entr'ouvrit et une main délicate s'avança. Je saisis cette main au lieu de saisir ce qu'elle m'offrait et j'essayai, mais en vain, de pousser la porte que ma belle tenait entre-bâillée seulement.

— Monsieur, c'est ma main que vous prenez et non les allumettes.

— Voyons! mais je ne les trouve pas... dans cette obscurité; ah! j'y suis, je crois...

— Non, non, c'est mon bras que vous tâtez... ce n'est pas convenable.

« Sans lâcher le bras ni le poignet, je poussai avec les genoux; mais mon adversaire s'appuyait de l'autre côté. Vous voyez ça d'ici, mes amis, c'était l'attaque d'une véritable position, d'un ouvrage de fortification.

« La bataille avait lieu en silence et elle durait depuis plusieurs minutes. Je tentai alors l'assaut. Ça, c'est classique, feu rapide, porter les soutiens sur la ligne et, dans un élan suprême, faire sauter enfin la porte. J'entrai donc dans la place et je me jetai aux pieds de ma victime.

— Monsieur, me dit-elle, vous forcez ma demeure.

— Mais non, je ne force rien, Madame; je ne vous force même pas à... m'aimer et cependant depuis que je vous ai vue ma pensée ne vous a pas quittée, votre souvenir a rempli mon cœur et mon imagination vous a sans cesse placée sous mes yeux. L'officier commande, mais il sait aussi obéir et je subirai votre douce loi avec une volupté née de la passion la plus aveugle...

« Et, profitant de cet exorde, je lui enlaçai la taille et mis sur ses joues un baiser; puis, m'enhardissant davantage, j'inclinai ma tête et posai mes lèvres sur ses seins palpitants.

« Ma belle horizontale exhalait un parfum enivrant; le réséda, la rose n'avaient rien de comparable à cette essence féminine qui embaumait l'atmosphère et faisait vibrer toutes les cordes de mon être.

— Je vous aime... lui dis-je amoureusement. Et la prenant dans mes bras, je la déposai sur son lit...

. . . .

« O bonheur ineffable! O jouissance divine qui réunit pour de trop courts instants la créature et le créateur, qui fait oublier la terre et entrevoir les cieux, qui fait vivre et mourir tout à la fois!...

. . . .

« Mais ô terreur! elle allait, pour la première fois, allumer sa bougie et, réalité épouvantable, triste effet de la vie militaire, elle allait voir une chemise qui, depuis trois jours, supportait la fatigue, les veilles et les luttes de la guerre ! En amour les choses les plus ordinaires prennent subitement une importance capitale ; dans les délices de la vie à deux il y a toujours un détail vulgaire qui fait le désespoir de l'un ou une imperfection cachée dont la vue subite refroidit l'autre.

— Laissez-moi allumer cette bougie, m'écriai-je.

« Et prenant subitement les allumettes, je me sauvai en lui disant :

— Je reviens de suite, il faut que j'aille... pour mon ordonnance demain... dire deux mots à un ami...

« Arrivé devant la porte de ma chambre mes bras tombèrent en pensant que je n'avais plus de linge propre. Que faire ?

« Je songeai, heureusement, qu'au numéro six du premier étage logeait un de nos camarades.

« Je descendis rapidement l'escalier et j'entrai précipitamment chez notre ami Juliot qui se réveilla en sursaut.

— Qu'y a-t-il donc, me dit-il épouvanté ?

— Mon cher... avez-vous une chemise ?

— Mais évidemment, me dit-il, en ouvrant de grands yeux ; vous le voyez bien.

— Non, je veux dire une chemise propre, à me prêter...

— Oui, mais voyons, vous êtes fou, comment c'est à deux heures du matin que vous changez de linge ! Qu'y a-t-il donc ?

— Mystère ! mon cher, mystère !

— Ah bon ! j'y suis ; allons ! plus veinard que moi.

« Un instant après je tournai le loquet de la porte de ma voisine. J'étais fier de pouvoir me montrer à la lueur de la bougie qu'elle avait allumée en mon absence.

« Mais quel ne fut pas mon étonnement, ma stupéfaction, en entrant dans sa chambre !

« Je dissimulai ma colère, mon désespoir, ma rage et, d'un ton amoureux, je lui dis en me sauvant :

— Ma belle, il faut que j'aille me coucher dans mon lit.

parce que... mon ordonnance demain pourrait... vous savez le décorum..... les apparences..... eh bien, il faut les sauver.....

« Hélas! j'en demande pardon au réséda et à la rose: c'était la bonne de la maison et... elle avait quarante ans!!!... »

ABSENCES MILITAIRES

ABSENCES MILITAIRES

Belle lectrice, lisez cette nouvelle; le titre n'annonce rien de sévère; il n'est point question d'absences réglementées par les lois, mais seulement de ces distractions bizarres qui, souvent, sont une manifestation des cerveaux les mieux équilibrés.

Dans la vie ordinaire ne vous est-il pas arrivé, après avoir mis un gant, de chercher en vain à caser vos doigts délicats dans le second, parce que vous aviez pris pour le second la peau qui sert à polir vos jolis ongles? Vous vous en êtes aperçue trop tard, au café Anglais ou aux Ambassadeurs, votre dépit a été grand, mais vous en avez bien ri après. Une autre fois (c'est à moi-même que vous l'avez raconté et je ne le répète qu'à vous) ne vous est-il pas arrivé — chose bien dangereuse! — d'appeler monsieur votre mari du nom de Gaston qu'il n'a jamais porté? — Eh bien, il n'est question, ici, que de ces sortes de distractions. Dans l'armée aussi, les cerveaux sont parfois déséquilibrés et les hommes les plus sérieux offrent même une variété remarquable d'absences des plus singulières ; ils piquent, selon leur expression, des étrangères.

Voici venir le lieutenant Trémaboule. Considérez-le et dites-moi à quoi il rêve. Il a l'air réfléchi, n'est-ce pas ? Avec sa tête légèrement inclinée à droite, les yeux fixés sur le sol, les mains dans son dolman, on le croirait sur le champ de bataille de Waterloo. Eh bien, ne cherchez pas; il serait incapable lui-même de vous dire à quoi il pense, où il est, où il va. C'est un garçon d'une intelligence remarquable, mais il a une absence en ce moment.

Le voilà en mouvement, il s'approche d'un groupe d'officiers :

— Tiens, Trémaboule ! on le dirait à califourchon sur un nuage.

Il revient à lui et s'adresse au groupe :

— Quoi de nouveau aujourd'hui ?

— Le commandant réclame les travaux d'hiver.

— Les travaux d'hiver ! comment ?... ah ! oui... mais nous sommes donc au premier avril ?

— Hélas ! oui, c'est pour nous un poisson désagréable. Je parie que tu n'es pas en mesure de le servir.

— Non, il n'est même pas pêché. Je n'ai rien commencé.

— Demande la permission de l'exercice.

— On me l'a refusée pour autre chose. Mais mon fourrier fabriquera cela.

Il avise un sous-officier qui traverse la cour du quartier :

— Fourrier !

— Voilà ! mon lieutenant.

— Le commandant réclame les travaux d'hiver ?

— Par la note que voici.

Trémaboule après avoir lu :

— Sacrédié ! c'est bien ennuyeux ; fourrier je vous donne la permission de la journée pour...

— Merci, mon lieutenant, mon cousin justement...

— Que m'importe votre cousin ou votre cousine.

— Sans doute, mon lieutenant.

Et le sous-officier s'éloigne respectueusement.

Trémaboule à part :

— Mais, au fait, je ne lui ai pas dit à quoi je compte l'employer aujourd'hui.

Il le rappelle.

— Fourrier !

— Voilà ! mon lieutenant.

— Vous entendez bien, la permission de la journée pour...

— Pour mon cousin... ma cousine... qui... que...

— Cousin, cousine, qui, que, cela m'est égal... Pour vous rendre chez moi à une heure.

Et le sous-officier s'éloigne tristement.

. . . .

— Entrez ! crie Trémaboule en train de considérer, chez lui, une panoplie arrangée par son ordonnance.

On entre.

— C'est vous, fourrier ! je vous avais prescrit de ne venir qu'à une heure !

— Il est une heure cinq, mon lieutenant.

— Pourquoi ne pas arriver à l'heure, alors ?

— Ma montre...

— Ma montre ! ça m'est égal.

— Qu'est-ce qui vous amène ici ?

— C'est vous, mon lieutenant, qui...

— C'est moi ! eh bien, oui, parbleu, je le sais bien... pour mon travail d'hiver. Asseyez-vous là. Je pars pour l'exercice ; je reviendrai à cinq heures et demie. Pendant ce temps, vous me copierez depuis la page 75 de mon cours de tir de Saint-Cyr, jusqu'à la page 100, juste deux chapitres, et de votre plus belle main.

. . . .

A cinq heures et demie le fourrier était joyeux : c'était l'heure de sa délivrance. La calligraphie était remarquable et le lieutenant, touché, allait évidemment lui accorder la permission de la nuit. La belle Adélaïde qu'il avait voulu surprendre le jour, eh bien, il irait la rejoindre le soir et les saturnales n'en seraient que plus complètes.

A six heures et demie la fièvre de l'impatience le dévorait autant que la faim ; le lieutenant ne revenait pas.

La porte était fermée à double tour et il n'y avait pas moyen de s'esquiver.

Enfin à huit heures, tout espoir s'était envolé. Que faire pour tromper l'ennui, la faim ; pour chasser le souvenir de son Adélaïde !

Il pensa alors se remettre à la besogne et partant de la page 100, il résolut de calligraphier jusqu'à l'arrivée de son geôlier.

. . . .

A minuit, Trémaboule achevait une partie de piquet. C'était la vingtième.

— Je t'annonce une quinte majeure.

— Moi un quatorze de rois.

— Je te jette mon as.

— Moi, ma dame.

— Moi, mon... fourrier! mon malheureux fourrier!

Et le voilà courant à toutes jambes chez lui.

. . . .

Quelques mois plus tard, on lisait au rapport :

« Le ministre de la guerre adresse des félicitations au
« lieutenant Trémaboule pour son remarquable travail d'hi-
« ver. Le volumineux manuscrit remis par cet officier et la
« justesse de ses critiques sur les expériences de tir faites au
« camp de Châlons, prouvent une étude sérieuse de la ma-
« tière et une profondeur de réflexion digne de louanges. »

***

Voici venir le brave commandant Turlurette. Il sert dans la cavalerie; il sert bien et c'est un officier réellement supérieur.

Lui aussi a des absences, mais qui ne lui rapporteront jamais rien, parce qu'elles ne se manifestent qu'en dehors du quartier. L'autre jour, il allait voir un de ses chevaux malade, quand il rencontre Mme Loriolle, la femme de son intendant.

Toujours aimable, toujours galant, il l'aborde le képi à la main et en joignant les talons :

— Madame, mes hommages très respectueux! Monsieur l'intendant se porte bien?

— Très bien, commandant. Mais mon fils est très, très, très souffrant.

— Vous m'effrayez! Qu'a-t-il donc?

— Une migraine atroce et un rhume abominable.

— Et le médecin...

— Je vais le chercher. Allez voir mon pauvre enfant pendant ce temps; votre visite lui fera du bien.

— J'y vais, Madame, j'y cours.

Et le brave commandant, sans le vouloir, reprend la direction de l'écurie.

. . . .

Il rentrait chez lui quand Mme Loriolle l'aborde :

— Eh bien, commandant, comment l'avez-vous trouvé?

— Dans un état pitoyable, Madame, c'est une rosse, il faut l'abattre.

***

Voici venir enfin le lieutenant-colonel Linotte, le plus majestueux de l'armée française ; il porte la tête haute, la poitrine en avant et rentre convenablement la ceinture. Bien pris dans son dolman, pantalon collant, bottes Chantilly, gants blancs, il annonce en somme fort bien son régiment qu'il précède souvent le sabre au poing.

C'est un homme sérieux dans le métier des armes, plus sérieux encore dans la vie privée et sur lequel, assurément, on peut compter dans une mêlée.

Eh bien, lui aussi a des absences ; lui aussi pique des étrangères. Ainsi, un matin, ne tira-t-il pas dix fois son mouchoir de sa poche avant de s'en servir, et ne laissa-t-il pas ce mouchoir, soigneusement plié en quatre, sur la table, à la place d'une lettre de service qu'il mit dans son dolman.

Ce jour-là, on ne put répondre à une demande urgente du

ministre, et le général envoya huit jours d'arrêts au lieutenant-colonel Linotte.

Ce fut une distraction fatale.

. . . .

. . . .

Un soir il y eut grand effroi dans le régiment ; le bon colonel Linotte avait été victime de nombreuses facéties dans la journée et sa colère était des plus violentes. De mémoire de soldat on n'avait vu de tempête aussi formidable et chacun se faisait petit, se croyant coupable.

Que s'était-il passé ? On se le demandait. Quel était l'accusé ? On n'osait prononcer un nom.

Pourtant, comme au deuxième jour de la création, la lumière se fit le lendemain ; des doigts semblables à des rayons, convergèrent sur le sous-lieutenant Malice, officier sans mérite et plein de dédain pour ses supérieurs.

Rappelé dernièrement au devoir par quelques jours d'arrêts, Malice avait résolu de se venger, et avait juré à un petit groupe de camarades qu'il ferait prendre un bain à toute la famille Linotte.

Il s'était rendu dans trois établissements différents et avait commandé dans chacun d'eux, un bain à l'adresse de son lieutenant-colonel.

A cinq heures du matin, de vigoureux coups de sonnette réveillaient toute la maison Linotte et la bonne, effarée, prête déjà à crier « au feu », allait ouvrir :

— C'est le bain commandé pour Monsieur, à l'établissement Lamy.

— Étonnant ! dit la bonne, jamais Monsieur n'a pris de bain à pareille heure ! Enfin, il est si drôle !

Et après avoir pénétré dans la chambre de son maître :

— Monsieur ! monsieur !... (Il ne se réveillera pas !)

— Qu'y a-t-il ?

— C'est votre bain.

— Comment ! mon bain ?

— Eh ! oui, celui que vous avez commandé hier.

— J'ai commandé un bain, moi ?

— Monsieur ne s'en souvient pas, voilà tout.

— Ah! oui! possible; faites-le apporter.

Et la bonne s'en allant :

— S'il oublie comme ça qu'il a son régiment derrière lui, ça peut être drôle à la guerre!

. . . .

A six heures et demie on carillonnait de nouveau.

— C'est le bain commandé pour Madame, venant de la maison Ravot.

— Mais jamais Madame ne s'est baignée à pareille heure non plus! Décidément Monsieur déteint sur elle et je comprends alors qu'elle se lave.

Puis après avoir pénétré dans la chambre de sa maîtresse :

— Voilà le bain de Madame.

— Comment! mon bain?

La bonne à part :

— Décidément ils sont fous, ils ne se rappellent même pas ce qu'ils ont fait la veille.

— Je n'ai rien commandé, moi!....

— C'est alors Monsieur qui a dit d'en envoyer un pour Madame, en même temps que le sien.

— Il aurait bien fait de me prévenir; je vais le prendre.

. . . .

Enfin à huit heures on carillonnait encore.

— Quelle maison damnée! dit la bonne allant ouvrir.

— C'est le bain qu'on a commandé hier pour Mademoiselle, venant de la maison Set et Cie.

— Ah! ça, c'est trop fort! comme s'ils n'auraient pas pu commander les trois bains dans le même établissement et pour la même heure. Moi, je vais faire appeler le médecin.

Elle s'en va :

— Mademoiselle?

— Qu'y a-t-il, Cécile?

— C'est votre bain.

— Comment! mon bain?

— Oui, figurez-vous que Monsieur en a commandé, hier, un pour Madame et Madame un pour vous. C'est drôle, n'est-ce pas?

— Mais j'ai pris un bain il y a deux jours.

— Ils trouvent ça hygiénique.

— Alors pourquoi maman ne m'a-t-elle pas prévenue ? Je suis déjà coiffée. Ah ! que c'est ennuyeux ! Enfin, apportez-le.

. . . .

La matinée n'avait pas suffi à la vengeance de Malice.

A une heure de l'après-midi un coup de sonnette vigoureux dérangeait la bonne.

— Voilà l'omnibus demandé à l'hôtel du *Veau d'or*, pour le train de deux heures.

— Comment ! Monsieur part en voyage? mais il n'a rien dit. Il a encore oublié, et sa malle n'est pas faite.

— Ah ! il faut qu'on se dépêche; j'ai des voyageurs à prendre.

Elle s'éloigne :

— Monsieur part donc ? L'omnibus l'attend pour le train de deux heures.

— L'omnibus m'attend ! Où cela ?

— Ici, à la porte.

— On s'est trompé. C'est sans doute pour le voisin. Renvoyez.

. . . .

A trois heures : trinlinlingue ! trinlinlingue !

— Je vais sortir de cette maison, dit la bonne, je deviendrais folle, moi aussi.

Elle va ouvrir.

— C'est l'omnibus demandé à l'hôtel du *Lion amoureux*, pour le train de quatre heures.

— Ah ! ça, je crois qu'on le fait à Monsieur.

— Qu'on se dépêche, j'ai des voyageurs à prendre.

Elle entre dans le cabinet du colonel :

— C'est encore un omnibus; Monsieur doit assurément partir en voyage; il ne s'en souvient pas, voilà tout.

— Comment ! bains ce matin ! omnibus ce soir ! ah ! c'en est trop ! Mon régiment me paiera cela. Renvoyez.

. . . .

Enfin un incident vint rendre terrible la colère du colonel : Il était onze heures du soir; tout le monde dormait, quand une voiture à deux chevaux s'arrêta devant la maison Linotte.

— Qu'y a-t-il encore ? crie par la fenêtre le brave officier.

— C'est la calèche commandée pour aller en soirée.

— Partez! s'écrie le colonel furieux. Allez! ou je ne me retiens pas. Demain vous aurez de la salle de.... de mes nouvelles et mon régiment de la prison.... Allez! filez! je bouillonne,..

Et dans la rue on ouvrait déjà les volets croyant à un incendie, quand Linotte referma les siens.

. . . .

Le régiment défilait souvent sous les fenêtres du lieutenant-colonel. Sa fille, la blonde, la charmante Noémie, se mettait alors au balcon, adressait un regard affectueux à son père, puis baissait les yeux.

Les officiers levaient la tête, ils la lorgnaient tous et quelques vieux s'écriaient : « Sacrédié ! la jolie fille ! »

Qu'elle était belle! en effet; qu'elle était jolie! Quelle taille! quelle poitrine! mais, hélas!... quelle dot!

Tout le monde la désirait et personne ne se présentait. Aussi la pauvre Noémie voyait-elle chaque jour sa beauté se consumer entre monsieur et madame Linotte, entre la bonne et son petit chien Loumy.

Un matin le lieutenant-colonel arriva tout effaré au rapport :

— Écrivez ! dit-il aux sergents-majors réunis en demi-cercle :
« Le régiment change de garnison. Les sapeurs prendront la
« tête; la musique suivra les sapeurs; le régiment enfin mar-
« chera derrière la musique; on arrivera à Figeac à huit
« heures du soir. Que chacun se conforme à ces ordres de
« détail. Rompez »

. . . .

Trois jours après il y avait grand émoi dans le chef-lieu du Cantal. Partout il n'était question que de guerre civile; partout on en donnait les causes. L'armée elle-même était divisée en deux camps; un régiment était arrivé on ne sait comment, on ne sait d'où; un assaut avait été donné à la caserne; on comptait dix-huit tués d'un côté, ving-cinq blessés de l'autre.

. . . .

C'était le régiment du brave Linotte qui, en suivant son chef, avait fait fausse route.

A huit heures du soir il faisait une entrée triomphale à Aurillac, au grand étonnement de la population.

Trouvant la caserne occupée, le lieutenant-colonel avait voulu déloger les usurpateurs; il avait pris des dispositions d'attaque et allait donner assaut, quand la garde municipale, les pompiers, le maire et le préfet s'étaient montrés à lui.

Linotte avait dû reprendre, le lendemain, la direction de Figeac, après avoir couché à la belle étoile, le régiment campé en colonne : les sapeurs en tête, la musique après les sapeurs, le régiment derrière la musique.

En arrivant dans sa nouvelle résidence, il recevait en même temps du ministre une dépêche dont le régiment n'eut jamais connaissance.

. . . .

Loumy, le malheureux Loumy, le petit toutou avec lequel bien des officiers auraient voulu permuter, avait disparu. Qu'était-il devenu? on n'en savait rien et chaque jour les grands yeux de la jolie Noémie se remplissaient de larmes.

On avait bien cherché dans les caisses, dans les malles, dans les valises, dans les sacs même; mais, hélas! quelque fatale qu'eût été pour la pauvre bête cette distraction digne de la famille Linotte, on ne l'avait pas trouvé. Loumy avait donc sûrement été oublié à Brives et le colonel, cédant aux instances de sa fille, avait envoyé le mot suivant au chef militaire de cette ville :

« Mon cher commandant,

« Loumy, mon petit chien, a déserté au moment du départ,
« Noémie (ma fille) se désole et je compte sur votre obligeance
« pour le faire rechercher et me le faire ramener. »

Deux jours après le colonel était au rapport, quand le vaguemestre lui remit une lettre qui contenait ces lignes :

« Mon colonel,

« J'ai l'honneur de vous informer que nous n'avons pas
« encore retrouvé le déserteur Loumy; dès qu'il sera en ma
« possession, je vous le ferai ramener. »

— Ah! ah! dit le colonel, un déserteur. Loumy! à quelle compagnie appartient cet homme?

Personne ne répondit.

— Tonnerre de Brest! je n'ai jamais vu de sergents-majors pareils, qui ne connaissent même pas les hommes de leur compagnie, quand, moi, j'appelle tous mes soldats par leur nom! Loumy est du régiment; je vois d'ici sa figure. Regardez vos contrôles. Allons 1re du 1er est-il de chez vous cet homme?

— Non, mon colonel.

— 2e du 1er?

— Non plus, mon colonel.

— Il est alors de la section hors rang; c'est un ouvrier tailleur ou un cordonnier. Voyons, fourrier, regardez.

— Il n'est pas de chez moi.

— Nom de nom! écrivez alors :

« Le colonel est très mécontent de la tenue du régiment; la « comptabilité est mal réglée... »

— Pardon! dit le gros major.

— Taisez-vous! commandant; quand je parle j'ai seul le droit de m'interrompre; je dis que la comptabilité est mal réglée. Je rends les commandants de compagnie responsables. Aujourd'hui grande revue d'effectif et le quartier sera consigné.

. . . .

Au rapport du lendemain Linotte signait des pièces, quand un soldat se présenta.

— Que veut cet homme?

— Je reviens de Brives, mon colonel.

— Tant mieux! mon ami. Vous voulez une permission, accordée.

— Mais non, mon colonel.

— Eh bien, alors, vous ne voulez rien, rompez!

— Mais, mon colonel, je vous amène...

— Vous m'amenez...

— Oui, mon colonel, Loumy.

— Tonnerre! faites entrer ce déserteur que je l'interroge Je savais bien que cet homme appartenait au régiment.

Et l'on éclata de rire en voyant le criminel, un toutou aux oreilles basses, piteux, ahuri, faire son entrée dans la salle du rapport.

Sur les instances de mademoiselle Linotte il y eût un supplément au rapport :

« La tenue est bonne au régiment, la comptabilité bien réglée, le quartier est déconsigné. »

UNE MESSALINE AU RÉGIMENT

UNE MESSALINE AU RÉGIMENT

I

PAUL de Larin et Lucien Dauville surveillent un exercice de la 3e du 4. Pris d'un zèle immense, ils veulent donner un bon exemple à leurs nouvelles recrues, et se promènent dans la cour du quartier, sans se parler, sans se sourire même. Mais l'ennui le plus mortel se manifeste ; en vain ils cherchent une distraction dans la rectification de quelques mouvements, en vain ils grondent leurs hommes, la lassitude les envahit graduellement et, comme d'un commun accord, ils se rapprochent insensiblement l'un de l'autre.

Cependant le sentiment du devoir les domine toujours ; ils restent silencieux, car les exercés lancent des regards timides, et il faut, pour le bon exemple, imprimer la crainte de l'officier qui est un commencement de la sagesse.

L'exercice est loin d'être terminé ; ils n'en voient pas la fin, et de Larin, cédant à une démangeaison impérieuse :

— Dauville !

Et Dauville répondit :

— Quoi ?

Cinq minutes s'écoulèrent ensuite en silence et de Larin reprit :

— Bonne rencontre avant-hier ; bonne soirée hier.

Cinq nouvelles minutes s'écoulèrent et Dauville répartit :

— Et la nuit ?

— Encore meilleure.

— Dans la moyenne ou dans la haute ?

— Dans la très haute.

— Perpendiculaire ou horizontale ?

— Horizontale jeune, jolie, musicienne et aimante.

— Fabriquée sur mesure, alors.

— Non, mais assurément parfaite.

— Parfaitement bien faite... je te l'accorde.

— Je te présenterai et tu verras.

— Oui, oui, et je te dirai si elle est parfaitement...

— Ah ! mais non !

— Rassure-toi... jamais de mon propre chef.

— Je suis tranquille ; elle éprouve pour moi un amour violent et je n'ai nulle crainte, surtout à l'égard... d'un de mes amis.

— Il n'y a que la foi qui sauve. A propos ! elle doit te coûter cher.

— Non, grâce à une sorte de transaction avec ma conscience... à un procédé de mon invention.

— Je ne comprends pas.

— Écoute :

L'autre soir je croisai cette femme charmante ; son œil n'était nullement provocateur et sa mise recherchée n'avait rien d'extravagant.

Je marchais dans ses traces, et j'avoue, sans aucune idée de séduction, quand, tout à coup, elle s'arrêta, réfléchit une seconde et pénétra chez un éditeur.

Pensif, je continuais mon chemin d'un pas plus lent, lorsque je l'aperçus de nouveau près de moi, tenant un recueil des nocturnes de Field.

Une exclamation m'échappa, bien malgré moi. Elle tourna la tête de mon côté et je dis avec enthousiasme :

— Serais-je heureux d'entendre exécuter un seul de ces morceaux !

J'eus sans doute un air suppliant, car elle me répondit sans hésiter :

— Venez chez moi.

Je me laissai conduire, n'admirant en cette jeune personne que son naturel et une complaisance extrême.

Jenny X... (c'est son nom) habite un bel appartement situé au premier étage, rue Fortuny.

— N'avez-vous pas une lettre pour moi? dit-elle à la bonne qui vint nous ouvrir.

— Non, Madame.

— Faites entrer monsieur au salon... Vous m'excusez un instant? ajouta-t-elle, en se tournant vers moi, et en m'adressant un sourire doux et charmant.

La pièce où l'on m'introduisit ne ressemble en rien aux salons ordinaires. Les meubles dont la place habituelle se devine, sont disposés d'une façon étrange, choquante même au premier abord ; mais l'œil se plaît au milieu de ce désordre savant ; un parfum léger enivre insensiblement et l'imagination flotte dans un dédale de pensées incohérentes et voluptueuses.

Je subissais cette douce influence, quand Jenny ouvrit la porte. Elle était vêtue d'un peignoir bleu ciel qui s'harmonisait avec des yeux langoureux et qui donnait à toute sa personne un air de souveraine nonchalance.

— Vous désirez entendre un des nocturnes de Field, me dit-elle en s'asseyant devant le piano; lequel?

— Le cinquième.

La dernière note jetée, elle se retourna et me vit plongé dans le royaume des rêves.

— Seriez-vous sentimental?

— Nullement; je suis sous le charme... maintenant il ne me reste qu'à vous remercier et à me retirer.

— Vous ne me gênez en aucune façon.

— Merci; je demeure alors quelques instants.

La conversation resta dans le domaine des convenances; mais j'avoue qu'en partant j'étais épris. Il y avait, en effet, en elle, une grâce, un abandon qui séduisaient; une douceur d'expression qui charmait, une manière d'être, enfin, qui attirait irrésistiblement.

— Vous reverrai-je?

— Quand vous me le permettrez.

— Venez demain soir, nous ferons un peu de musique.

Et elle me tendit la main.

Dès le lendemain Jenny recevait le billet suivant :

« Madame, on prétend que la médecine et la femme sont « en guerre, parce que l'une guérit ce que l'autre engendre : « la folie. Mon docteur, appelé en toute hâte, hier, m'or- « donne de rester chez moi, ce soir. L'obéissance est pas- « sive dans l'armée et je demeure un admirateur plato- « nique. »

La réponse ne se fit pas attendre, elle contenait ces mots :

« Celle qui engendre la folie peut aussi la combattre, je « vous attends à neuf heures. »

C'était impératif.

A neuf heures je me faisais annoncer.

— Voilà le malade! dit-elle; il est temps que vous arriviez, j'allais me rendre chez vous.

— En vérité, Madame, vous alliez commettre cette... imprudence! il fait un froid de Sibérie.

— Qu'importe! pour vous soigner...

— Je suis touché... mais guéri aussi.

— Guéri par l'ordonnance du médecin?

— Oui.

— Guéri complètement?

— Complètement. Voyez, je suis calme. La volonté l'a emporté sur l'imagination, la raison domine... Mais, à propos! ne devions-nous pas faire un peu de musique?

— Je ne suis pas disposée; d'abord il fait froid ici: le feu a été allumé très tard.

— Je me retirerai de bonne heure.

Le poisson mordait; les rôles étaient inversés. Jenny commençait à me faire la cour.

Drôle de nature que celle de la femme qui veut être la personnification d'une divinité devant laquelle la moitié de l'humanité se prosterne!

Cette résistance détermina un jeu singulier de sa physionomie. On voyait qu'une résolution venait d'être prise, que ma manière d'être la révolutionnait, que l'amour-propre allait exiger de moi une soumission entière, que bataille enfin allait être livrée.

— J'ai vraiment froid, dit-elle, et je me retire dans ma chambre ; si vous voulez me suivre...

— Avec plaisir, Madame, le soldat ne refuse jamais d'aller au feu.

— Au feu! quel combat croyez-vous donc livrer?

— Un combat singulier, original.

La chambre à coucher était ornée à l'orientale; une douce chaleur y régnait et le parfum des sérails y avait brûlé.

— Venez vous asseoir là, sur ce canapé.

— Le danger serait trop grand pour moi... Tiens! vous avez lu ce livre aujourd'hui?

— Quel livre?

— Je n'en vois pas deux sur votre table.

— Non, je ne l'ai pas lu.

— Permettez-moi d'y jeter les yeux...

Au bout d'une minute, à peine, Jenny se leva précipitamment; sans proférer une parole, elle m'arracha le livre des mains et le jeta à l'autre extrémité de la chambre; puis, se laissant glisser sur une large peau d'ours placée devant la cheminée, elle s'étendit dans la pose la plus voluptueuse et la plus provocante.

Je fis l'homme préoccupé, qui poursuit une idée sérieuse; mais au fond j'étais envahi par les désirs les plus violents.

— Mettez-vous là, dit-elle, en désignant du doigt la place qu'elle voulait que j'occupasse et en dirigeant ses grands yeux bleus vers moi.

— A vos côtés, là, étendu près de vous! Oh! mais ce serait le supplice de Tantale...

A ce moment une bûche faillit rouler hors de la cheminée. Je fis, pour l'arrêter, un mouvement brusque; je perdis l'équilibre et j'allai tomber, malgré moi, à la place indiquée.

Je voulus me relever, mais Jenny se précipita sur moi et m'enlaça. L'étreinte me parut douce et je ne fis que des semblants d'efforts pour me remettre sur pieds. Ses doigts se crispaient sur mes vêtements, ses narines se dilataient, ses yeux, à peine ouverts, regardaient le vague et sa poitrine, violemment soulevée, sortait à demi de son corsage. C'était la femme dominée par les désirs les plus ardents, que les sens enivraient et dont la passion augmentait avec ma résistance.

— Restez, me dit-elle d'une voix faible, entrecoupée... vous trouverez en moi des charmes nouveaux, une sorte de volupté inconnue qui vous fera abandonner des plaisirs incomplets pour une jouissance infinie... voyez comme je tremble... sentez-vous ces frissonnements?...

Ses mouvements étaient de plus en plus convulsifs et... n'y tenant plus, ma foi...

. . . .

— Qu'en penses-tu? mon cher Dauville.

— Que tu paieras cela, néanmoins, très-cher.

II

Le temps était mauvais, la pluie battait les carreaux de la caserne et le colonel avait prescrit qu'on remplacerait l'exercice par une théorie et un commentaire sur le Code pénal.

De Larin montait donc l'escalier A conduisant à la 3e compagnie, quand Dauville le rejoignit.

— Nous voilà enfermés pour deux heures, dit de Larin, quelle scie !

— En vérité, c'est bien fastidieux, dit Dauville.

Cinq minutes après, le roulement du tambour annonçait le moment de là théorie.

— Sergent Picardot, commencez.

— Bien, mon lieutenant.

Le sergent fit grouper autour de lui ses soldats, rassembla toute sa personne, frisa sa moustache, se coiffa légèrement sur le côté, se renversa en arrière et dit d'un ton important :

Ecoutez là bien tous : la discipline, voyez-vous, c'est ce qui fait la force d'une armée, comme qui dirait les muscles font la force d'un homme ; la discipline c'est ce qui fait qu'on obéit, quand même on n'en a pas envie ; c'est ce qui fait que le caporal vous punit, comme moi je punis le caporal.

Eh bien, voyez-vous, de même qu'il n'y a pas d'armée sans discipline, de même il n'y a pas de discipline sans Code pénal.

Le Code pénal, c'est ce qui fait qu'on vous fiche dehors de la caserne et qu'on vous fourre dedans une prison, après avoir passé par un conseil de guerre. Le Code pénal, il est raide, mais il est juste. Ecoutez là bien tous :

Art. 1er. — Abandon du poste en présence de l'ennemi ou de rebelles armés... le sergent fit une pause, puis ajouta d'un air grave et sententieux : « mort ! » en jetant un regard triomphant sur ses hommes. Ils baissaient la tête et tremblaient comme la feuille.

— Oui, « mort!! » reprit à voix basse le sergent qui contemplait encore l'effet magique que produisait ce mot sur son assistance. Un jeune soldat s'était affaissé sur lui-même.

— Eh bien, voyez-vous, répartit le sous officier, ça c'est assez raide pour que je vous explique cet article-là. Ecoutez, là bien tous le raisonnement du Code :

Le poste c'est là où l'on doit rester et l'ennemi c'est celui à qui on envoie des noyaux. Eh bien, si vous quittez le poste, n'est-ce pas? l'ennemi, il ne reçoit plus rien et vous recevez tout. Alors pour éviter de vous faire tuer, le Code pénal, il dit : « Ne quittez pas votre poste ou bien je vous condamne à... mort! » C'est pas plus malin que ça.

Et la théorie se continua sur ce ton et les hommes, à la fin, étaient forts des commentaires du sergent.

Pendant ce temps nos deux jeunes officiers se promenaient de long en large; ils épuisaient un à un tous les sujets de conversation à leur portée, cherchant à combattre de leur mieux l'ennui. De Larin avait raconté à Dauville que Jenny était venue, en grande toilette de bal, le surprendre une nuit au milieu de son sommeil et que cette réalité, prise au premier abord pour un songe, s'était renouvelée de temps à autre. Il lui avait fait un tableau charmant de ces surprises nocturnes dont il attribuait la fréquence à l'amour prodigieux de sa belle horizontale pour lui, amour né d'un procédé nouveau et vraiment infaillible.

— Prends un brevet, avait dit Dauville.

— Je n'en ai pas besoin, avait répondu de Larin, Jenny me reste et je reste à Jenny.

III

— En avant!... criait Dauville, à la 3e compagnie déployée en tirailleur... quelle singulière histoire j'ai à te raconter, mon cher de Larin!... ralliement par demi-section!... toilette de bal splendide... halte!

— Mais que veux-tu dire? reprit ce dernier qui, en attendant son tour de commander, se tenait près de son ami.

— Tout à l'heure... à la pause, tu sauras tout; ah! c'est bien drôle... en tirailleurs!

— Tu as usé de mon procédé?...

— Ah! mais non... cavalerie venant de droite!... une apparition...

— Cette nuit?

— Oui.

— Adelina, ta maîtresse?

— Tu verras, elle entre pour quelque chose dans l'aventure... à six pas ouvrez vos intervalles!...

— Je ne comprends pas trop; tu m'expliqueras...

— Halte!... rassemblement!... formez les faisceaux!... rompez vos rangs!... écoute.

J'attendais cette nuit ma maîtresse; tu sais qu'elle ne manque jamais les lundis de son amie, et il était convenu qu'à deux heures du matin, elle m'arriverait aussi en grande toilette de bal, avec des fleurs dans les cheveux.

— Ah! ah! jaloux de mon bonheur, tu voulais jouir aussi des charmes d'une apparition, dit de Larin.

— Oui, et, en vérité, je n'ai jamais été mieux servi.

— Quelle toilette avait-elle?

— Elle avait une toilette... bleue.

— Bleue!... tiens! comme Jenny... quelle jolie couleur, la nuit surtout, hein?... N'est-ce pas que l'effet en est merveilleux?

— Merveilleux!... Je dormais donc d'un sommeil profond, quand je fus réveillé par le bruit d'une porte qui s'ouvrait doucement et qu'on refermait plus doucement encore.

Tout d'abord je ne me rendis pas compte que ce fût chez moi. La nuit, tu sais, les bruits les plus loins s'entendent fort bien. Mais un léger frôlement de robe ne me laissa bientôt aucun doute.

Je fis le mort pour donner plus de charmes à la surprise; je me retournai vers le mur pour mieux donner le change et j'imitai même un petit. ronflement pour compléter la comédie.

Ma maîtresse se heurta à quelques chaises; elle donna dans une table dont elle connaissait cependant parfaitement la place et, chose incompréhensible, elle n'arriva qu'à tâtons jusqu'à mon lit.

Heureux mortel! pensai-je; c'est à ton tour de juger des rêves par la réalité! à ton tour de contempler, dans une demi-somnolence, la déesse des songes drapée de gaze et enguirlandée de roses! A toi seul le droit de presser sans contrainte et sans retenue celle qui vient d'être l'étoile d'une soirée, la convoitise malheureuse des autres! A toi de posséder un ange qu'on a cru, ce soir, descendu des cieux pour mieux narguer les mortels! A toi l'amour, le bonheur et la joie!... Et doucement alors une main pressa la mienne, un souffle léger effleura mon visage et une bouche parfumée se colla sur mes lèvres.

Je ne pouvais pas dormir plus longtemps.

Je poussai, à dessein, un long soupir et je dis : « C'est toi! ma chérie, tu arrives tard, il me semble. »

Adelina ne répondit rien.

— Quelle heure est-il donc? repris-je.

Même silence.

J'allumai ma bougie et demeurai... interdit, stupéfait; les bras m'en tombaient, je croyais faire un rêve.

— Un rêve surprenant, n'est-ce pas? dit de Larin.

— Incroyable.

— Quand, en effet, dans un demi-sommeil on aperçoit une fée qui...

— Qui, pour arriver jusqu'à vous...

— Jette sur soi toilette, bijoux, fleurs, parfums...

— Jette tout aux pieds... amour-propre, amitié, cœur et respect... pour n'écouter que la passion aveugle et brutale...

— Que dis-tu?

— Eh pardieu! ce n'était point ma maîtresse.

— Ce n'était pas Adelina!!!... Oh! c'est vraiment fort bizarre! c'était donc son amie, la charmante petite Andréa; mais... alors, son amant...

— Vous ici! dis-je.

— Oui.

— Malheureuse! vous ignorez donc que votre amant est

un de mes meilleurs amis, un camarade qui a toute mon estime, que je vois tous les jours et que je ne pourrais regarder en face sans rougir, si jamais?...

— Il est vrai que je ne vous ai rencontré qu'une fois chez lui, mais vous m'avez plu et les sentiments qui persistent deviennent irrésistibles.

— Qui vous a donné mon adresse?

— Vous-même... je vous l'avais demandée...

— Dans le courant d'une conversation insignifiante, ce jour-là, je m'en souviens maintenant; mais il ne pouvait y avoir alors la moindre intention de votre part. C'est absolument invraisemblable.

— Rien n'est invraisemblable quand la passion s'en mêle.

— Mais j'attends ma maîtresse, elle ne saurait tarder. Quelle situation pour vous, pour moi...

— Tu étais bien bon, dit de Larin, d'écouter la voix de ta conscience; en pareil cas, il n'y a pas de temps à perdre; d'abord on paraît ridicule aux yeux de la femme et c'est alors un autre qui en profite. Tant pis! pour son amant, il n'a pas su s'y prendre; adresse-le-moi et je lui donnerai quelques leçons sur la manière de s'attacher une maîtresse.

— Vous me repoussez alors? me dit cette femme.

— Non, je ne vous repousse pas, mais... en vérité... je ne sais à quel sentiment obéir.

Alors la jolie fée s'assit sur le bord de mon lit et, prenant ma main :

— Quels sont ces sentiments auxquels vous vous trouvez en proie?

— Le devoir, l'amitié, la camaraderie et enfin le désir... car vous êtes belle.

— Belle! pourtant vous me repoussiez tout à l'heure.

Puis elle s'étendit lentement et passa sa main autour de mon cou.

Je fis un mouvement pour me détacher de cette étreinte dangereuse, mais elle me serra plus convulsivement encore.

— Je ne puis, dis-je...

— Il le faut, reprit-elle...

— Je ne dois pas...

— Personne n'en saura rien...

— Ma conscience me reprochera ..

— La mienne seule est coupable...

— Ma maîtresse va venir...

— Je serai déjà partie...

Puis, comme si elle eût agi sous l'influence d'un délire, elle s'arracha les fleurs des cheveux, déchira son corsage et m'étreignit davantage . . . .

. . . .

. . . .

— Nous sommes bien coupables! m'écriai-je...

Au même instant j'entendis un bruit léger dans l'escalier.

— Voilà ma maîtresse, dis-je affolé. Quelle situation, mon Dieu! Éteignons vite la lumière, retenez votre respiration.

Puis je me collai derrière la porte pour épier, tenant à peine sur mes jambes.

Des pas devenaient de plus en plus accentués. Adelina s'approchait d'un sanctuaire indigne désormais de son amour. Malgré les preuves de son attachement, malgré le froid, j'allais la condamner à rester sur le seuil de ma porte, tandis qu'une messaline au souffle malsain s'étirait dans mon lit.

Je voyais ma petite maîtresse montant l'escalier, toute heureuse, toute fière de se montrer dans ses plus beaux atours; puis, s'en retournant toute troublée, les paupières humides, pour se mettre dans un lit froid, avec le doute dans le cœur.

Et pourtant! quels reproches pouvais-je m'adresser? Aurais-je dû songer qu'en ne fermant pas ma porte je serais, à deux heures du matin, poursuivi chez moi, jusque dans mon lit, par une inconnue, par une femme, par une folle aux sens déréglés qui, en se servant de ses armes, m'aurait traqué jusqu'au point de me faire signer ma honte?... Assurément non. Et, pourtant, ce n'était que trop une réalité; tout, hélas! me le prouvait.

Le bruit des pas se rapprochait de plus en plus et bientôt

on fut sur le palier. J'entendis une respiration haletante, un frôlement de robe, puis... puis rien.

A ce moment mes sens se troublèrent; je crus entendre Adelina ouvrir la porte, je crus la voir entrer... et ce ne pouvait être, puisque le verrou était poussé.

Pourquoi ce mystère? pourquoi ne cherchait-elle pas à pénétrer franchement? Avait-elle entendu du bruit dans ma chambre? Non, un silence complet y régnait. Se doutait-elle de la faute que je venais de commettre et écoutait-elle par la serrure? Certes, et alors il s'agissait de ne laisser planer aucun soupçon dans son esprit.

Plusieurs minutes, qui me parurent des heures, s'écoulèrent ainsi; le froid me gagnait; un frisson courait sur mon corps et il ne fallait pas bouger. Du reste où aller? Me remettre dans mon lit et me réchauffer auprès d'une femme que pareille situation me rendait odieuse? C'était impossible.

J'eus une idée.

Je me rapprochai du lit et, collant ma bouche à l'oreille de mon horizontale, je lui dis bas :

— Comme moi, habillez-vous rapidement; ramassez les fleurs que vous avez jetées, ne laissez aucune trace de votre passage ici et, surtout, n'oubliez pas de mettre vos gants.

Trois minutes suffirent à cette toilette improvisée.

— Asseyez-vous maintenant dans ce fauteuil; je vais allumer la bougie, et nous allons avoir une conversation à très haute voix. Y êtes-vous?... bien!... je commence :

— Ainsi, Madame, vous veniez me prier de raccommoder les choses?

— Hélas! oui, Monsieur, je vous en serais bien reconnaissante.

— Mon Dieu! c'est un charmant garçon que j'aime beaucoup, et je suis étonné que son amour pour vous n'ait pas su résister à une simple plaisanterie que vous avez faite.

— Allez le voir demain, Monsieur, dites-lui que ma passion est des plus vives, que mon dévouement n'a pas de bornes, que je lui sacrifierais tout, que cette brouille enfin m'accable, m'anéantit.

— Je ne manquerai pas, vous me faites vraiment de la peine; toutes mes sympathies vous sont acquises et la démarche que vous faites en ce moment flatte mon amour-propre.

— Vous m'excuserez, n'est-ce pas? de vous avoir attendu jusqu'à une heure aussi avancée de la nuit.

— Certainement, je suis même au regret d'être rentré si tard et de vous avoir fait attendre si longtemps. C'est une preuve d'affection que vous lui avez témoignée et qu'il apprendra par ma bouche; une preuve d'attachement à laquelle il sera assurément fort sensible.....

J'enrageais, et, profitant de cette comédie forcée, j'achevai de lui jeter mon fiel à la face :

— La visite que vous me faites, Madame, est d'un exemple rare dans les annales de la vie d'un jeune homme et il faudra que mon ami apprenne, par ce fait, à mieux juger dans l'avenir... Comptez sur moi et... attendez-le demain...

Elle se leva.

— Au revoir...

— Adieu, Monsieur.

Je me dirigeai vers la porte.

Dans quelle attitude allais-je trouver Adelina? Cette comédie avait-elle suffi à faire disparaître ses doutes? Quelle nouvelle scène allais-je avoir à soutenir et quel nouveau rôle à remplir?

J'ouvris et... stupéfaction inouïe, il n'y avait personne!

Je laissai ma folle s'envoler et je restai dans l'étonnement le plus grand.

Serait-elle repartie? Assurément non, je l'aurais entendue redescendre. Puis il n'est pas admissible qu'après notre conversation elle n'eût pas frappé. La femme est curieuse et dès qu'il n'y a que doute, elle se cramponne à son amour.

. . . .

. . . .

Hélas! que le sommeil enlève toute notion du temps et comme la conscience trouble au moment d'une faute! C'était une malheureuse ouvrière, sortie tard de son atelier, qui venait de se rendre à sa mansarde et qui, arrivée toute essoufflée à ma porte, s'était reposée un instant pour achever ensuite sa pénible ascension.

Je regardai ma montre : il n'était qu'une heure et demie du matin.

. . . .

— L'aventure est bonne, dit de Larin.

— Très drôle, possible ; mais bonne, c'est contestable.

— Mon cher, tu n'as rien à te reprocher ; l'amant de cette femme est un nigaud, voilà tout ; il n'a pas su s'y prendre... envoie-le moi.

— Pauvre ami !... cette apparition en robe bleue ; cette femme aux sens déréglés, qui foulait aux pieds tout sentiment d'amour-propre, toute dignité, qui venait frapper à une porte, surprendre dans un lit et se livrer comme une bête en délire, cette messaline enfin qui, en sortant de chez moi, est allée sans doute franchir d'autres seuils pour tâcher d'assouvir sa faim brutale, c'était .. pardonne-moi... ta Jenny !!!...

LE COUPLE VERLUCHE

LE COUPLE VERLUCHE

I

C'était après la guerre de 1870. Le capitaine Verluche, aux grandes manœuvres, gravissait péniblement le versant d'une colline avec sa compagnie qui avançait plus péniblement encore.

L'étape avait été longue, la fatigue grande; en fait d'accidents on n'avait rencontré que ceux du sol, et l'esprit ballotait indécis entre les songes et la réalité.

Beau militaire, bien campé sur les hanches, la tête altière, la moustache en pointe, plein de confiance en l'avenir, en lui-même surtout, Verluche avait repoussé jusqu'alors avec dédain tous les partis qui s'étaient offerts à lui. Il avait toujours cru remarquer soit un défaut physique capable de provoquer le dégoût, soit une imperfection morale de nature à lui troubler plus tard la tête... Bref aucune des jeunes filles enviées par ses camarades n'avait été de son goût ou jugée digne de porter son nom.

Ce jour-là, malgré la fatigue, la physionomie du capitaine marquait la tendresse. Était-ce dû à la rencontre de quelques jolies paysannes, ou à la vue des malheureux troupiers qui tiraient la langue et donnaient le coup de sac ? Était-ce l'effet d'une végétation exubérante dans les montagnes du Morvan, éclairées par un beau soleil de mai? Voilà ce qu'on n'a jamais su et ce qu'on ne saura jamais. Il paraissait tendre, sentimental, c'est tout ce qu'on peut dire.

Sur le grand livre du Destin, cette journée avait été marquée d'un trait, et le vieillard aveugle de la mythologie avait écrit en marge « Verluche ».

Ce dieu lui donna, le soir, pour abri, le toit d'une jolie maison, située entre les bois du Roi et le pied du Beuvray, où se consumait de désespoir une jeune hamadryade flanquée d'une marâtre laide, vieille, jalouse, et d'une grand'mère courte, ridée, desséchée.

Quelques seigneurs montagnards avaient bien cherché à cueillir cette fleur sauvage, mais s'étant piqués aux deux épines qui la gardaient, ils s'étaient promis de ne plus glaner dans ces parages.

De longue date on n'avait vu de soldats dans le Morvan, et le souvenir de l'uniforme restait confus dans l'esprit. La nouvelle de leur arrivée remplit les uns de joie, fit naître la crainte chez les autres, et de ces deux sentiments naquit une résolution, faire bon accueil à l'armée.

Verluche fut donc reçu avec le sourire sur les lèvres. Sa compagnie, cantonnée dans les meilleures fermes avoisinant la propriété, fut gorgée de vin, et lui fut installé dans une des plus jolies chambres de la maison. Enfin le capitaine fut prié d'accepter l'hospitalité la plus large et de s'asseoir à sept heures devant une table copieusement garnie.

On le plaça à côté de mademoiselle Odette de Livonne, et les deux vieilles arrosèrent des vins les plus généreux la première invitation écossaise qu'elles firent de leur existence.

La conversation, gênée d'abord, devint de plus en plus animée. Après le dîner, Odette fit de la musique, et Verluche déploya une amabilité, une galanterie qui ne lui étaient pas habituelles. Enfin, au moment de se séparer, les vieilles trouvaient que l'armée n'avait rien d'effrayant; Mlle de Livonne se disait que le capitaine était un homme bien, un homme du monde, et Verluche, en entrant dans sa chambre, se déclarait amoureux.

Pour comble de bonheur ou de malheur — tout dépend de l'avenir — une note ainsi conçue arriva pendant la nuit :

« Par ordre du général en chef, il y aura repos demain.
« Les troupes resteront dans les cantonnements qu'elles
« occupent. La matinée sera employée à une revue passée
« par les commandants de compagnie. Départ le jour suivant
« à cinq heures du matin. »

L'arrivée d'un planton au milieu de la nuit, avait mis en émoi tout le monde. Mais quand on eut appris qu'il s'agissait d'un contre-ordre pour le départ, chacun s'était recouché avec une vive satisfaction.

Le lendemain, à neuf heures, la compagnie était rassemblée sous les fenêtres de la maison. C'est l'emplacement qu'avait choisi Verluche. Toujours aimable, il avait voulu donner à ses hôtes le spectacle d'une inspection à l'instar de Napoléon la veille d'une bataille.

Il arriva fier et majestueux devant ses deux pelotons, fronça le sourcil en passant devant chaque homme, tandis que la famille de Livonne, accoudée aux fenêtres, suivait des yeux tous les mouvements du grand chef. Puis il réunit les gradés, se plaça au centre du cercle et commença à haute voix un cours de tactique sur la manœuvre du lendemain. C'était des bataillons, des escadrons, des régiments qui manœuvraient, tout un corps d'armée qui s'avançait; c'était enfin la victoire, victoire éclatante dans laquelle l'ennemi abandonnait dra- peaux, étendards, morts et blessés.

Rien n'avait échappé aux gens de la maison, chaque parole, chaque geste avait produit son effet, frappant d'épouvante ou remplissant d'admiration.

Mais ce fut bien autre chose quand, l'immobilité rétablie dans les rangs, Verluche tira son sabre d'un air grave et sévère. Un silence complet se fit alors; un frisson glissa dans les rangs, et trois mots nets, précis, qui retentirent longtemps aux échos d'alentour, tombèrent comme des perles, une à une de sa bouche : « Rompez vos rangs. »

Un brouillard aveugla, à ce moment, la jeune Odette; son imagination quitta la terre pour planer dans des régions inconnues où un homme grand comme le monde lui donnait la main. Cet homme était plus qu'un général, plus qu'un maréchal; c'était un empereur, un vainqueur d'Alexandre, de César et de Napoléon : c'était Verluche.

Jamais le capitaine n'avait été plus heureux; jamais sur sa physionomie n'avait rayonné pareil contentement. Pour la première fois il aimait, et cet amour le rendait orgueilleux.

Jamais, non plus, Odette n'avait paru aussi rêveuse; jamais son esprit n'avait voyagé dans des sphères aussi lointaines. Pour la première fois elle éprouvait une sorte d'ambition mélangée d'amour.

Après le déjeuner on alla cueillir des fleurs. Mlle de Livonne en attacha une à la boutonnière du capitaine et Verluche en piqua une autre dans les cheveux d'Odette. Puis on projeta une partie de chasse. Deux chevaux furent sellés et on chargea un vieux domestique de suivre avec les armes en bandoulière.

Odette avait souvent parcouru la forêt dans tous les sens et en connaissait les plus jolis endroits. Elle ouvrit la marche, suivant de préférence les sentiers les plus dangereux. Le petit cheval qu'elle montait obéissait à la voix; il regardait attentivement le sol avant de poser son pied, comprenant qu'un trésor lui était confié.

Nul obstacle ne les arrêtait. La jeune amazone ne semblait éprouver aucune fatigue; elle se laissait emporter au gré de sa monture. Une légère rougeur seule empourprait son visage et donnait à toute sa physionomie une vie nouvelle.

Verluche ne se lassait pas d'admirer cette beauté sauvage, si en harmonie avec la nature qui l'environnait. Il crut un moment voir la Diane chasseresse ornée d'un croissant au front et se crut lui-même le berger Endymion.

Puis, tout à coup, elle sauta à terre, et, abandonnant son cheval, elle invita le capitaine à la suivre. Ils prirent un sentier étroit qui aboutissait à des rochers escarpés. Verluche voulut lui tendre la main, mais, avec la légèreté d'une chèvre, elle s'élança de roche en roche. Sa robe, relevée sans coquetterie, laissait à découvert les plus jolies jambes du monde qui, plus d'une fois, firent trébucher notre héros.

Enfin Odette s'arrêta au sommet d'un pic élevé où le capitaine eut beaucoup de peine à la rejoindre. La vue était remarquable ; l'horizon n'avait pas de bornes, tout le Morvan se déroulait à leurs pieds, et les villes les plus lointaines apparaissaient comme de petites taches blanches sur une nappe verte.

Mlle de Livonne était enthousiaste des beautés de la nature ; elle n'en comprenait pas les grandeurs à la façon des gens du monde, mais les goûtait chaque jour sans apprêts, avec une pureté inconsciente. Sa physionomie reflétait des sensations intimes qui n'avaient rien de commun avec les jeux composés par une admiration convenue, et ses joies naïves se manifestaient avec des intonations enfantines.

Le capitaine contemplait moins ces beautés. Il ne voyait là qu'un décor pour une arrivée en scène et qu'une bonne position pour la mise en batterie de quelques pièces d'artillerie.

Cette essence poétique qui existe au début de la vie s'était, chez lui, peu à peu évaporée dans les marches militaires, et son admiration pour la nature, trop souvent recouverte de la poussière des routes, s'était insensiblement émoussée. Odette seule attirait son attention, excitait son amour, provoquait ses désirs.

Verluche eut peut-être une pensée coupable, mais les principes de Mlle de Livonne, son attitude surtout lui inspiraient le respect.

La promenade fut reprise et on songea à la chasse. Plusieurs fois le capitaine fit feu; chaque fois il manqua sa pièce; mais Odette tirant après lui réparait la maladresse.

L'uniforme reçut ainsi des accrocs que la jeune Diane recousait toujours en affirmant que le hasard seul avait dirigé son arme.

Le dîner fut gai, mais la soirée mélancolique : on songeait au lendemain, jour de départ ; on pensait à ces heures charmantes, si vite envolées, et dont le souvenir resterait longtemps gravé dans la mémoire.

Odette avait un talent de plus qu'elle révéla ce soir-là : elle chanta. Sa voie mélodieuse vint donner un nouvel essor aux sentiments de Verluche qui, cette fois, frappé au cœur, résolut d'épouser Mlle de Livonne.

Le lendemain, à l'aurore, la compagnie était rassemblée. Les hommes rangés, en tenue de campagne, semblaient annoncer une bataille dont le cliquetis des armes, dans cette demi-obscurité et ce silence du matin, paraissait être le prélude.

La tristesse était peinte sur tous les visages; chacun en s'éloignant perdait quelque chose : le soldat son vin, le capitaine la belle Odette.

Longtemps Mlle de Livonne resta accoudée à sa fenêtre; plus longtemps encore Verluche braqua sa lunette sur le bois du Roi : ils ne se voyaient pas, mais ils regardaient toujours.

II

Le 25 novembre 18.... une nouvelle surprenante courait dans le régiment. Partout, au cercle, au mess, on se disait : Verluche se marie! Il a cherché la pureté à sa véritable source, au milieu des bois, au pied du Beuvray et, à l'instar du roi, il épouse une bergère.

Les commentaires pleuvaient, mais chacun lui serrait la main et le complimentait.

Cette grande comédie du monde qui consiste à saper par derrière et à mentir par devant, trouvait partout son succès. On ne parlait que de Verluche dont les goûts difficiles étaient connus, et de Mlle de Livonne dont la beauté et les qualités étaient pourtant ignorées. Le dédain du capitaine avait été proverbial au régiment et on se plaisait à composer sa future. Pour les uns elle était blonde et douée d'une intelligence supérieure; pour les autres, c'était une brune d'une grande beauté, mais sans expression et sans esprit. Personne ne l'avait vue, personne n'en avait entendu parler, mais chacun la connaissait, la représentait.

. . . .

Ce fut un grand jour que celui du mariage! La foule se pressait aux portes, et les officiers eux-mêmes formaient la haie. Chacun voulait voir la bergère choisie pour un diadème et vérifier des assertions aussi contradictoires qu'invraisemblables.

Un roulement de voiture se fit entendre, la foule se pressa davantage, puis s'écarta respectueusement. La musique militaire entonna le *Stabat Mater*, et au milieu de cette belle symphonie, on vit s'avancer une blonde à la démarche fière et élégante, une beauté sauvage pleine de distinction et de noblesse qui imposait le respect et excitait l'admiration.

Il n'y avait plus de commentaires possibles, mais sur leur ruine germa soudain un sentiment : la jalousie.

Après la cérémonie on se porta à la sacristie; chacun voulait saluer la jeune femme, toucher la main du capitaine et adresser une parole aimable.

Le souper de noces fut brillant. Rien n'avait été négligé pour rendre ce jour mémorable, et on avait obtenu que la musique du régiment jouât pendant le repas. Un toast porté au dessert par le colonel prédit à Mme Verluche un bonheur parfait et au capitaine un brillant avenir; dans une avalanche de paroles aimables, chacun y trouva sa part, le corps d'officiers et le régiment lui-même.

Enfin, à onze heures, l'orchestre débuta par une valse entraînante; le colonel offrit son bras à la jeune mariée et la soirée commença pleine d'entrain et de gaieté.

. . . .

. . . .

Plusieurs années se sont écoulées.

L'hiver a rejeté son manteau de glace; la nature engourdie se réveille au souffle du printemps et un léger parfum s'exhale de la terre. Les arbres commencent à verdir; les oiseaux chantent dans les branches; tout annonce la vie, la gaieté et le bonheur.

Dans un sentier étroit bordé de myrtes et d'églantiers s'avance, chaque matin, à l'heure où la rose s'ouvre, une femme jeune et belle, mais au teint pâle et au visage amaigri. Sa marche est lente et elle semble avoir pour mission d'ouvrir tous les jours, à l'aurore, les portes du ciel.

Pourtant à son approche les feuilles tremblent, les oiseaux se taisent, le soleil se cache davantage. Elle marche avec précaution, car les pierres roulent sous ses pieds, et ses jambes la supportent à peine. La nature sauvage refuse de la reconnaître. Le nom d'Odette, longtemps répété à tous les échos des bois du Roi n'est plus prononcé depuis que Mme Verluche restée sans parents, a vendu ses terres, depuis qu'un petit cheval qu'on conduisait à la voix traîne la charrue, depuis qu'un vieux domestique est mort de chagrin.

Que vient donc faire cette femme? Pourquoi piétine-t-elle, sans respect du passé, des souvenirs cachés au milieu de la forêt? De quel droit foule-t-elle un sol passé en d'autres mains?

C'est qu'il y a, dans le tourbillon de la vie, des instants de calme pendant lesquels l'enfance apparaît comme un beau songe. Les sentiments deviennent alors irrésistibles et les natures les plus déréglées subissent leurs lois. Mme Verluche cédait à un désir, mais pour reprendre bientôt sa nouvelle existence.

. . . .

Et, en effet, ses mardis étaient suivis assidûment; ses mercredis, jours supplémentaires réservés aux intimes, comptaient de nombreuses visites : toute l'élégance militaire s'y réunissait et les jeux de l'esprit préparaient ceux de l'amour.

Cet amour clandestin, si fréquent dans le monde honnête, avait plus d'une fois fait chanceler la vertu de Mme Verluche; ce langage convenu, dont la fréquentation des salons pendant une jeunesse surveillée, eût effacé insensiblement en elle les effets, étourdissait Odette. Jamais son mari, dans un tête-à-tête intime, ne lui avait lu une seule page du grand livre de la vie, ou n'avait cherché à faire vibrer une seule corde de son âme. Cette nature sauvage n'avait point été initiée aux secrets de la civilisation, et c'est vierge et inculte qu'on l'avait livrée au labourage du monde.

Le sillon en fut profond. Aux sentiments nobles et élevés succédèrent peu à peu des pensées confuses, et au souffle brûlant d'amour d'un jeune officier son cœur s'épanouit.

De ce jour le capitaine lui apparut comme une de ces chaînes auxquelles on se rive par convenance et pour mieux se diriger. Elle crut que l'existence était double, qu'à côté de la vie réelle se trouvait la vie du cœur, qu'on accordait la première au mari et qu'on se réservait la seconde; elle se livra donc aux inclinations de son cœur, mais sans jamais oublier ses devoirs d'épouse.

Il y eut deux natures en elle : la femme aux intrigues amoureuses et la femme résignée aux sacrifices d'intérieur. Elle donna au mari tout ce que la loi lui accordait et offrit à quelques-uns ce que ses caprices lui ordonnaient.

Plus tard, ses transports se modifièrent, comprenant que chaque chose, ici-bas, a sa valeur.

Aux sentiments de tendresse succédèrent des idées de commandement : elle devint acariâtre, méchante et ambitieuse.

Odette qui, parfois, jadis, tempérait la rudesse de la vie militaire en plaidant pour une victime, arrachait aujourd'hui de sa chevelure fleurs et parfums pour y mettre les galons de son mari devenu officier supérieur.

C'est ainsi qu'un soir, en descendant de voiture, elle infligea huit jours de prison à un soldat qui lui servait de valet de pied, parce qu'il n'avait pas relevé sa robe assez tôt pour qu'elle ne trainât pas.

Verluche implora en faveur de ce malheureux dont la peine fut réduite de moitié.

Sur le folio des punitions du régiment on lit encore : Lousteau, quatre jours de prison, ordre du commandant Verluche ; négligence extrême dans son service d'ordonnance.

L'obéissance passive dont elle avait, chaque jour, un exemple dans l'armée, lui donnait du soldat l'idée d'un être inconscient, écoutant sans comprendre, regardant sans voir, incapable de pensées, de sentiments, de désirs, l'idée d'une machine fonctionnant au commandement, d'une chose enfin.

Un jour son cuisinier arriva bouleversé dans la chambre du sergent-major :

— Qu'y a-t-il ? dit celui-ci.

— Chef, je quitte la maison du commandant.

— Pourquoi ?

-- Il arrivera un malheur.

— Comment ?

— Tous les matins Madame entre dans la cuisine, en jupons courts, en chemise décolletée et ma foi... vous comprenez, le bois et moi, ça fait deux...

Pendant huit jours la maison tira ses repas du mess, tant il fut difficile de trouver, pour servir la femme du commandant, un soldat qui n'eût rien de l'homme. . . . .
. . . .

Le régiment était au camp, et le général demeurait à quelques pas de la baraque occupée par Verluche dont les vertus guerrières avaient été récompensées par un cinquième galon.

Le général, jeune et célibataire, lorgnait plus d'une fois dans la journée sa belle voisine et trouvait souvent l'occasion de lui offrir, en personne, des fleurs qu'il tenait toujours, comme par hasard, à la main.

Un soir il résolut d'éloigner le colonel de chez lui et de faire feu de toutes ses batteries.

Il frappa violemment, à onze heures, aux persiennes de la chambre à coucher du couple Verluche.

Le colonel, inquiet, vint ouvrir:

— Oh! pardon, c'est vous, mon général! Mais veuillez donc vous donner la peine de passer par le vestibule, je vais vous introduire au salon...

— Non, non, colonel. Si je me permets de vous réveiller à pareille heure, croyez bien que c'est pour une raison de service. Les hommes de votre régiment troublent le camp; ils découchent et les officiers, eux-mêmes, font un vacarme peu digne du bon exemple qu'ils devraient donner.

— Vraiment! mon général. Cependant des ordres sévères...

— C'est possible; mais je ne puis m'en prendre qu'à vous. J'entends qu'avant peu d'instants tout ce tumulte ait cessé.

— Je me rends au quartier occupé par mon régiment et soyez certain, mon général...

Et le colonel s'habilla en toute hâte.

. . . .

Au mess deux officiers faisaient une partie de billard et trois autres jouaient religieusement au whist. Le choc des billes et le mot *schlemm* seuls retentissaient dans la grande salle, dont les lumières étaient aux trois quarts éteintes, quand le colonel fit irruption.

— Messieurs, s'écria-t-il, il faut que tout ce bruit cesse, car un pareil exemple est funeste au régiment qui, en ce moment, chante, boit et fait ripaille..

On se regarda stupéfait; on cherchait à comprendre cette

énigme ; on allait se justifier, quand le supérieur ajouta d'un ton qui ne supportait pas la réplique :

— Rendez-vous dans vos compagnies, faites un contre-appel sérieux et venez me le rendre ici.

Autour des baraques occupées par les hommes, régnait un silence profond. Aucune lumière n'annonçait fête et bombance à l'intérieur, et quelques ronflements seuls se mêlaient aux miaulements des chats.

En entrant dans les chambrées une odeur nauséabonde montait au cerveau ; chaque troupier, en réparant ses forces, troublait l'atmosphère et des godillots encore fumants s'étalaient au pied des lits.

Les formes les plus diverses s'offraient à la vue comme dans un amphithéâtre garni ; les poses les plus bizarres apparaissaient comme la dernière convulsion d'un mourant, et dans ce sanctuaire où l'encens ne brûle jamais, une lampe triste, pleureuse, jetait péniblement sa faible lueur.

Le contre-appel fut sérieux ; mais tous les soldats étaient présents. Dans une compagnie on trouva même un homme en trop : c'était un engagé de la veille qui, bien que couché dans un lit, ne l'était pas encore sur les contrôles.

. . . .

Le général, pendant ce temps, faisait feu de toutes ses pièces. Profitant de la précipitation du colonel qui n'avait pas refermé la fenêtre, il avait entamé du dehors une conversation galante avec Mme Verluche qui, de son lit, lui répondait aimablement.

Il s'était excusé du bouleversement qu'avaient occasionné les rigueurs du service et son grand amour du devoir, et il proposait encore quelques fleurs qu'il tenait à la main, comme par hasard.

Mme Verluche les acceptait, mais la difficulté consistait à les prendre. Il fallait qu'elle se levât ou que le général enjambât la fenêtre. Les deux cas offraient de grands dangers et les avis étaient partagés.

Comme sur un champ de bataille, le général prit une décision rapide ; au moyen d'un rétablissement il s'assit sur la fenêtre, puis pénétra dans la chambre au moment même où Mme Verluche, qui se levait pour prendre les fleurs, avait les jambes hors du lit.

La lutte fut terrible, car la femme du colonel comprenait qu'aux yeux d'un tacticien la position n'a de valeur qu'autant que la défense en est vigoureuse.

Elle se défendit bien ; elle objecta la surprise, le bruit, une fenêtre ouverte, ces mille choses enfin qui sont l'accessoire de la résistance, mais qui rendent l'attaque encore plus vigoureuse, la victoire plus certaine et plus brillante.

Le général fut complet : au coup d'œil dans la bataille se joignit le don de l'éloquence : Mercure et Mars se donnèrent la main et dans une lutte suprême Mme Verluche s'écria : Tout est perdu, fors l'honneur.....

. . . .

Quelques instants après un bruit de pas se faisait entendre. On rajusta à la hâte un bonnet de nuit placé de travers et on se dirigea vers la fenêtre qu'on chercha à enjamber précipitamment. Malheureusement le premier élan fut défectueux et le général se trouvait encore à cheval sur la fenêtre quand le colonel apparut.

Ce dernier demeura stupéfait ; mais quand il eût réfléchi que son supérieur lui avait fait beaucoup d'honneur en l'attendant, et que la position incommode qu'il avait prise à défaut de siège (ne voulant pas pénétrer dans la chambre par discrétion) marquait une familiarité vraiment flatteuse, sa figure s'épanouit, un éclair l'aveugla et dans une profonde obscurité deux étoiles lui apparurent dans le ciel et semblèrent tomber sur sa manche en même temps qu'une couronne de fleurs dorées se posait sur sa tête.

Il rendit compte au général que son régiment était au complet, que le calme était rétabli et que chacun dormait maintenant du plus profond sommeil.

. . . .

. . . .

Dans la vie de ce monde toutes les gloires sont fragiles ; le colonel, fatigué de la vie militaire, a donné sa démission, et s'est retiré dans le Morvan, dans ces mêmes bois du Roi redevenus sa propriété.

Odette parcourt les allées qui ont été témoins des joies de son enfance.

Au tourbillon du monde a succédé une vie calme qui fait renaître peu à peu la tranquillité du cœur et le véritable bonheur.

La méchanceté et l'ambition font place insensiblement à la douceur et à la charité. Les mardis et les mercredis sont remplacés par le dimanche, où d'honnêtes châtelains viennent causer aimablement et entendre de la musique.

Le nom d'Odette résonne parfois aux échos de la forêt et le rossignol lui-même le mêle aux chants du matin.

L'INSPECTION GÉNÉRALE

L'INSPECTION GÉNÉRALE

GRAND jour pour le régiment, jour d'émotion, jour de fatigues, jour qui résume le travail d'une année, qui confirme ou détruit des espérances, jour enfin qui attache au drapeau lui-même la confiance ou les doutes du pays.

A huit heures, le régiment tout entier est réuni sur deux rangs; le colonel tient son sabre à la main, et la musique s'apprête à entonner l'hymne national.

Soudain on crie : « Aux armes ! » le poste sort, les grilles du quartier s'ouvrent et un général gros et court, coiffé d'un képi dont la visière lui recouvre les yeux, s'avance flanqué d'un lieutenant grand et mince, aux aiguillettes brillantes, qui tient à la main un crayon et un calepin.

Les clairons sonnent le rappel, la musique joue.

A la vue de cette tête parée d'une couronne d'or, chefs et soldats prennent une attitude militaire; mais, en dépit de la rigidité, chacun tremble sur ses jambes, et le régiment tout entier vascille, tremble par la cime comme une rangée de roseaux au souffle du matin.

Le général s'avance à pas lents et d'un air majestueux ; il lève la tête pour paraître grand et considère la musique qui joue toujours.

Le baryton gonfle davantage ses joues, le piston serre encore plus les lèvres et le trombone à coulisse lance vigoureusement le bras en avant. La petite flûte double ses triolets, le triangle marque régulièrement la mesure, et le tambour module ses mouvements.

Le général se retourne vers son officier d'ordonnance et lui dit :

— Écrivez : « Musique bonne, musiciens bons, instruments propres. »

Il se dirige lentement vers la première compagnie. Mais à mesure qu'il s'approche, le vent souffle plus fort et les roseaux s'inclinent davantage.

Il se découvre devant le capitaine au port du sabre.

— Votre nom?

— Capitaine Lemoine, s'empresse de répondre le colonel qui veut prouver qu'il connaît son personnel.

— Julien, répond le capitaine.

— Oui, oui, Julien je voulais dire, mon général; officier distingué qui dirige fort bien sa compagnie.

— Vous avez raison, colonel.

Il se retourne vers son officier d'ordonnance :

— Écrivez : « Capitaine Lemoine, officier distingué, compagnie bien tenue, d'une immobilité parfaite. »

Il continue son inspection et s'adresse à un homme qui fléchit sur ses jambes en voyant le général ouvrir la bouche pour lui parler.

— De quel pays êtes-vous ?

— De l'Auvergne, mon général.

— Moi aussi ! compatriote alors; colonel, vous accorderez

une permission à cet homme. De l'Auvergne, bon sujet, n'est-ce pas ?

— Très bon sujet, mon général.

Puis il procède à la revue de second rang, à celle des serre-files et enfin à l'inspection des tambours.

En considérant ces instruments dont la peau est encore plus tendue que les jours ordinaires, il a un moment d'attendrissement ; une larme perle sur ses joues et il dit d'une voix émue : « Quand je pense qu'on les avait supprimés ! »

. . . .

Les soldats s'apprêtent à la revue de détail, et pendant ce temps on visite les salles de discipline.

Trois malheureux sont enfermés à la prison et fondent leur espoir sur le général bon enfant.

— Qu'as-tu fait ? dit-il au premier.

— Mon général, pas grand'chose.

— Comment ! pas grand'chose. Crois-tu qu'on t'aurait logé ici si tu n'avais pas fait grand'chose? Tu es un mauvais garnement et je vais te serrer la vis.

— Mais, mon général...

— Allons! tais-toi ! qu'as-tu fait?

— J'ai répondu au caporal.

— Quoi ?

— Qu'il était un « imbécile ».

— Tu n'es pas poli. Va-t-en et ne recommence plus.

— Et toi ? dit-il au second.

— Je n'ai rien fait, mon général.

— Ah ! tu ne fais rien ! tu ne travailles pas ! tu n'as pas astiqué ton fourniment, je parie, et tu ne feras jamais rien dans la vie civile !

— Mais, mon général, c'est pas pour ça...

— Tais-toi ! Pourquoi alors ?

— J'ai bu...

— Malpropre ! Allons va-t-en et ne recommence plus.

Enfin il s'adresse au troisième.

— Et toi? ne mens pas ; je vois dans tes yeux ce que tu as fait ; tu t'es grisé.

— Non, mon général.

— Eh bien, alors, tu as découché.

— Non, mon général.

— Qu'as-tu fait?

— Oh! pas grand'chose, mon général : j'ai appelé le caporal : « sale auvergnat! »

— Comment! fouchtra! tu appelles ça pas grand'chose, toi! Colonel, huit jours de plus à cet homme! Ah! tu appelles ça pas grand chose.....

Et les yeux du général sortaient de leur orbite, ses joues étaient pourpres de colère et de rage.

. . . .

. . . .

Les chambres sont d'une propreté exceptionnelle; les lits bien alignés, les effets symétriquement étalés offrent un coup d'œil agréable, et le capitaine Lemoine, le véritable Lemoine, toujours sans peur et sans reproches, attend le passage de l'inspecteur.

Tout à coup, à une extrémité de la chambre, un sergent crie : « A vos rangs, fixe ! »

C'est le général qui s'avance; tout un cortège d'officiers le suit : le grand et le petit état-major du régiment. Quelques soldats marchent par derrière, porteurs d'énormes registres qui représentent la comptabilité du corps.

Il s'arrête devant un homme :

— La soupe est bonne?

— Oui, mon général.

Il regarde les effets.

— Montrez-moi votre trousse.

Il examine :

— La glace, bien! le fil rouge, blanc, noir, bien! le peigne, la brosse à dents, très bien! — Et les aiguilles?

— Elles sont ici, mon général.

Le soldat ouvre un étui et les montre.

— Et pourquoi ne sont-elles pas matriculées? Colonel, voyez, des aiguilles pas matriculées! Ah! capitaine, je suis fort mécontent. Comment retrouver alors des aiguilles perdues?

— Pardon, mon général, les aiguilles ne se.....

— Taisez-vous, capitaine, il y a plus de trente ans que je suis dans le métier et je m'y connais.

Puis s'adressant encore au même homme :

— La soupe n'est pas bonne, n'est-ce pas?

— Non, mon général.

— Voyez, colonel, aiguilles pas matriculées, soupe pas bonne, décidément mauvaise compagnie. Comment s'appelle ce capitaine?

— Capitaine Julien, mon général.

— Non, Lemoine, reprend le lieutenant-colonel.

— Écrivez, dit le général à son officier d'ordonnance : « capitaine Julien, mauvais officier, aiguilles pas matriculées, soupe mauvaise ».

Et il s'en va grommelant : « Trop fort! aiguilles pas matricutées, soupe mauvaise, pas content. »

. . . .

. . . .

Les officiers sont placés par rang d'ancienneté et s'apprêtent à défiler pour la confession.

Le confessionnal est la salle du rapport dans laquelle le général s'est installé. On a, pour ce jour, fait apporter un fauteuil et mis sur la table une couverture des lits militaires. Les vitres ont été lavées.

Le général est seul; il a devant lui un carnet, carnet confidentiel qui lui permet de retrouver son personnel et sur lequel toutes les notes sont portées. Quand on prononce un nom, le supérieur cherche une page et connaît immédiatement la valeur, le zèle, l'intelligence, les antécédents et l'avenir de l'officier. Il est mieux informé que le confessé lui-même qu'on renseigne le plus généralement.

Arrive un lieutenant gros et grand, assez bien proportionné. Sans s'abaisser le moins du monde il se fait petit, car il a le respect de l'autorité et l'amour du métier.

— Monsieur? . . . .

— Monsieur Larimon.

Le général cherche sur son calepin.

— La... La... Lari... mon... voilà.

Il lit et reprend.

— Eh bien, Monsieur, je suis fort mécontent de votre manière de servir.

— Mais... pardon, mon général...

— Oui, Monsieur, vos notes sont exécrables; je ne vous les lis pas, mais je suis renseigné. Suffit! — Vous n'avez pas de réclamation à me faire?

— Si, mon général, au sujet de ce que vous me dites, il me semble que vous faites erreur...

— Comment! je fais erreur? Un officier général ne se trompe jamais.

— Je n'ai pas un jour de punition.

— C'est pourtant bien vous monsieur Roubert...

— Larimon, mon général.

— Larimon?.....

Il lit et reprend d'un ton en colère :

— C'est bien, je vous remercie.

— Mais j'avais une demande à vous faire, mon général.

— Parlez.

— Mon ancienneté et mes états de service m'avaient fait espérer la décoration cette année, et j'ai eu une déception.

— Je verrai, Monsieur, les gens que je fais décorer ne reprennent pas leurs supérieurs, même quand ils se trompent, c'est un manque d'usage.

Et le général bon enfant, mais rageur, se lève, fait trois pas en avant, trois en arrière, et mesure des yeux le lieutenant à qui il n'arrive qu'à l'épaule. Celui-ci ne dit rien; toujours plein de respect pour l'autorité, il joint les talons et fixe le parquet en dirigeant son regard pardessus la tête du général.

Il y eut dans la salle un tel rugissement, que l'officier suivant, qui attendait à la porte, en trembla sur ses jambes.

Le général se rassit, prit son carnet et coucha vigoureusement le nom de « Roubert. »

. . . .

Quelques officiers se promenaient séparément dans la cour du quartier, tenant un livre bleu à la main; d'autres formaient un petit groupe et paraissaient assister à une conférence.

— Oui, disait l'un, le général a une connaissance approfondie de toutes les matières, et pour bien répondre à ses questions, il faut y réfléchir sérieusement. Elles ont toujours une grande portée et renferment des solutions multiples.

— On dit qu'il interroge souvent sur le tir, dit un autre.

— L'année dernière il n'a posé qu'une question de cette nature.

— Laquelle ?

— Attends. C'est un problème : Étant donnés : 1° un fusil dont le canon est mathématiquement vertical, 2° la charge de poudre, 3° le poids de la balle, 4° le centre de gravité de l'arme, trouver le point de chute.

— Diable ! oui, le problème est compliqué, et renferme, en effet, plusieurs solutions.

— Qui a eu cette question ?

— Moi.

— Tu as résolu de suite le problème.

— Non.

— Qu'as-tu répondu ?

— J'ai barbotté, et le général voyant que je me troublais m'a donné immédiatement la solution.

— Quelle est-elle ?

— Deux cents mètres en avant du tireur.

— Quelle note t'a-t-il donnée ?

— 18 sur la note maxima 20.

Mais la conversation est interrompue par l'heure de l'examen.

La Commission se compose du général et du colonel.

Le lieutenant-colonel qui est proposé pour le grade supérieur est appelé le premier.

Il plonge sa main dans un sac et en retire un papier plié en quatre qu'il remet au général ; celui-ci lit : question de tir.

Le président de la commission se recueille alors un instant et dit :

— Monsieur, veuillez je vous prie, me donner la solution du problème suivant :

Vous avez une rivière ; vous entendez bien, une rivière ; elle est large, très, très large.

Sur la rive droite, des aspérités; derrière ces aspérités, des tirailleurs qui font pan, pan, pan, panpan, pan.

Sur la rive gauche, encore des aspérités ; derrière ces aspérités des canonniers qui font boum, boum, boum, boumboum, boum.

Trouvez le gué, Monsieur, vous entendez bien, trouvez le gué.

Il y a un moment de silence pendant lequel le lieutenant-colonel fait appel à toutes ses facultés, tandis que le général roule son crayon dans ses doigts.

Enfin l'interrogé ouvre la bouche :

— Étant donné, dit-il, que les tirailleurs font pan, pan, pan, panpan, pan, derrière des aspérités........

— Très bien, dit le général, c'est ça.

— Étant donné aussi, que les canonniers font boum, boum, boum, boumboum, boum, également derrière des aspérités....

— Parfait, colonel, continuez......

— C'est qu'alors les balles et les boulets.....

— Très bien !...

— Ont une direction perpendiculaire aux rives......

— Oui, oui....

— En conséquence, le gué sera..... sera.....

— Vous y êtes, sera, n'est-ce pas?.... sera parallèle aux rives.... — Allons! c'est très bien, colonel. — Encore une autre question, au sort..... Puisez dans le sac..... voyons..... ah ! sur la fortification.

Le général réfléchit une seconde et dit :

— Monsieur, vous êtes à la tête d'un régiment, et vous recevez l'ordre de construire une « ligne à intervalles ». Dites-moi comment vous vous y prendrez pour faire ce travail.

Le lieutenant-colonel pense un moment et répond :

— Si, en campagne comme en paix, moi, colonel à la tête d'un régiment, je recevais l'ordre de construire une ligne à intervalles, je chercherais dans mon personnel l'officier le plus intelligent, le plus capable et je lui dirais : « Monsieur, construisez-moi une ligne à intervalles ».

— Parfait ! voilà une réponse comme je les aime, nette et rapide. — Eh bien, pour que je puisse vous mettre le maximum de la cote, donnez-moi le pourquoi de votre réponse. Dites-moi, pour quelle raison vous choisiriez un officier dans votre régiment et un officier intelligent.

— Parce que... parce que...

— Parce que, n'est-ce pas ? un colonel doit savoir tirer parti des ressoures dont il dispose. — Allons ! c'est très bien; voilà un bon examen; je suis satisfait.

On appelle maintenant le lieutenant Muiswalder, qui a opté pour la nationalité française. Malgré ses hautes capacités, son avancement a été peu rapide, grâce à un simple jeu de mots dont il a été longtemps victime dans ses notes : « Fait ce qu'il peut, mais peut peu. » Aujourd'hui son mérite est reconnu et le colonel le propose pour le grade de capitaine.

— Monsieur Muiswalder, dit le général, tirez un numéro.

Le lieutenant puise dans le sac et remet un papier plié en quatre.

— Question de géométrie !

Muiswalder pâlit: mais il est habitué aux émotions dans les examens.

— Je vais vous poser une question simple : « Qu'est-ce qu'une perpendiculaire ? »

— Une perpendiculaire, c'est une... une...

— Une ligne, n'est-ce pas ?

— Oui, mon général, une ligne.

— Comment est-elle ?

— Elle est comme ça (il montre son index).

— Et puis elle arrive sur une autre, n'est-ce pas ? qui est comme ça (le général montre son médium).

— Oui, mon général.

— Très-bien ! Qu'a-t-elle de remarquable, cette ligne ?

— Elle a de remarquable que son centre de gravité...

— C'est ça.

— Combiné avec la méridienne...

— Parfait !

— Donne une résultante...

— Très-fort!

— Qui représente la direction du pôle nord.

— Réellement très-fort! Colonel, cet officier est remarquable; prenez note : « Sera spécialement attaché, l'année prochaine, au cours du 3e degré; professera la partie scientifique. »

. . . .

. . . .

L'inspection est terminée. Elle a duré deux jours, car le général est méticuleux : il a voulu tout voir par lui-même; il a visité les cuisines, les ateliers, les magasins; rien ne lui a échappé; il a apprécié les résultats de l'année, a interrogé les officiers, s'est rendu compte de leur valeur personnelle, de leur avenir, il les a même appelés, le dernier jour, par leurs noms. Enfin il connaît le régiment à fond, et rendra compte au ministre, dans un rapport détaillé, de ce que la patrie peut attendre au jour de la bataille.

Il est huit heures du matin; comme l'avant-veille, on est réuni sur deux rangs, la musique est prête à jouer et le colonel attend l'arrivèe du général, le sabre à la main.

Mais les hommes sont immobiles, les roseaux sont devenus chênes et le souffle du matin se heurte à leurs cimes aujourd'hui inébranlables.

C'est que les émotions sont terninées. Cette revue est celle d'honneur, la dernière cérémonie de l'inspection, le point qui termine l'année. Personne n'y tremble, parce qu'on n'y regarde rien; personne n'est inquiet, parce que chacun est renseigné sur son sort.

Les bataillons se massent, le colonel commande : « Pour défiler, guide à droite! » et chaque compagnie passe, alignée au cordeau, devant le général immobile et les mains dans le rang.

Le drapeau, ce jour-là, est sorti de sa gaîne, et l'inspecteur s'est découvert au moment où il a défilé devant lui.

La cérémonie est terminée et on se groupe en cercle autour du général :

« Messieurs, dit-il, le zèle déployé pour l'instruction du « régiment est remarquable; vos connaissances sont grandes.

« Au colonel mes félicitations. La France peut compter sur « vous! »

. . . .

Ce jour-là, les soldats sont heureux: toutes les punitions sont levées et chaque homme a sa ration de vin. Le soir il y a grand dîner, le colonel, le lieutenant-colonnel et les plus anciens dans chaque grade y assistent.

Au début on est gêné; mais bientôt les vins généreux font oublier le nombre des galons; on s'anime et la conversation, qui ne comporte jamais un sujet politique ou religieux, roule sur la guerre, la tactique, la stratégie, la mobilisation.

Le général, à la fin, porte un toast; le cliché est le même, le numéro du régiment seul varie, et la phrase traditionnelle est prononcée : « La France peut compter sur vous! »

Pendant ce temps la musique joue aux portes de la salle. Les fronts se déridant; les grands, pour se rajeunir, se rapprochent des petits, et le général lui-même lance un mot égrillard qui fait rire.

Enfin la musique s'en va, c'est le signal du départ et chacun se retire satisfait.

L'année est ainsi terminée, une nouvelle commence.

. . . .

Les deux journées qui viennent de s'écouler sont mémorables pour le régiment; souvent on dira : « conformément aux ordres de l'inspecteur général; » encore plus souvent on parlera des questions posées à l'examen, qui serviront de base d'études aux jeunes gens d'avenir; au quartier, enfin, on trouvera pendant longtemps des vestiges de ces heures d'émotions: vitres luisantes, tables raclées, planches nettoyées, effets bien pliés, corridors propres, escaliers balayés.

A mesure que l'année s'écoulera on songera à la prochaine revue. On se reportera alors à des pages mémorables laissées par le général, inscrites en tête du livre saint de chaque compagnie, et qui sont au régiment ce que sont les commandements à l'Église.

Extrait de l'ordre laissé par l'inspecteur général.

« Officiers et soldats sont immobiles dans le rang.

« Les hommes ont les deux tours réglementaires de la cravate et les pantalons tombent bien sur le cou de pied.

« Chacun est bien ganté.

« Les chambres sont propres, les lits alignés ; mais le colonel tiendra la main à ce que les aiguilles soient matriculées.

« L'alimentation, quoique variée, laisse à désirer : une instruction faite par le commandant du régiment sera pendue dans la cuisine.

« L'instruction personnelle des officiers est remarquable ; le général adresse ses félicitations au lieutenant Müiswalder pour ses brillantes réponses à l'examen.

« Il remercie ces messieurs du zèle qu'ils ont apporté dans les différentes parties du service, et fait plus particulièrement ses éloges au colonel dont l'impulsion régulatrice a donné de si grands résultats.

« En somme, l'inspecteur est satisfait, et au nom du ministre, il proclame très haut que la France peut compter sur le régiment. »

UNE LÉGENDE

UNE LÉGENDE

'HISTOIRE ne conserve que la mémoire des grands hommes; elle bannit de son sein les acteurs de second ordre et les laisse ensevelis dans l'oubli, quel qu'ait été leur rôle ici-bas. Point de second chapitre pour eux, point d'alinéas, pas même de renvois ; rien, absolument rien.

Il existe pourtant des figures qui, sans être des Alexandre, César ou des méritent une remarque ; qui, sans être dignes de l'éternelle renommée, valent bien quelques années de souvenir.

Dans l'armée, où ces acteurs se rencontrent parfois, la tradition et la légende sont venues combler cette lacune de l'histoire ; elles perpétuent dans le régiment la mémoire d'hommes à moitié illustres, et les montrent à la postérité tels qu'ils se sont fait connaître.

C'est ainsi que dans un bataillon de chasseurs, on parle encore de deux capitaines morts depuis longtemps, réunis sous le même drapeau par la loi des contrastes.

Gosly et Homat (c'était leurs noms) servaient à l'époque où l'avancement avait lieu par corps.

Quel que pouvait être alors le mérite d'un officier, il fallait attendre la mort du chef pour prendre sa place, il fallait sa perte pour avoir les chances d'un avenir.

Il arrivait alors que des cœurs nobles et généreux, n'escomptant point la vie de leurs supérieurs, laissaient à leurs penchants une liberté absolue ; que des fanatiques par tempérament restaient fanatiques, et que des indolents restaient calmes et indifférents. C'était le triomphe du naturel sur l'ambition, ce sentiment qui modifie l'espèce humaine, atrophie le caractère et fausse l'imagination. On ne rencontrait point la folie des grandeurs ; on restait ce que le hasard vous avait fait, on était au dehors ce qu'on était au dedans.

Tels furent nos deux héros ; ils avaient l'âme bien placée et ne considéraient point l'avenir. Pour eux le présent seul avait des charmes, et ils puisaient dans l'existence du moment tout le bonheur possible.

Ils comprenaient la gloire à leur façon et, sans chercher à l'atteindre, suivaient tous deux des chemins différents qui y aboutissaient.

Gosly avait le goût du métier ; il ne voyait aucune carrière préférable à la sienne, et méprisait souverainement quiconque ne portait pas l'épée au côté. Ce chevalier moderne avait tout du moyen âge : il ne sortait jamais sans son sabre, même quand le règlement l'y autorisait, et on affirme qu'il se couchait en uniforme, le képi sur la tête.

Son tempérament fougueux lui donnait horreur de la paix et de la politique de conciliation ; pour lui, la diplomatie consistait dans la guerre : la voix du canon lui paraissait la seule éloquente et persuasive.

Malheureusement il avait été conçu trop tard. Au lieu de venir au monde à l'époque de la guerre de Cent Ans, il était né sous la Révolution et avait dû laisser passer les grandes luttes de l'empire sans pouvoir y participer. Il arrivait à ce moment où la nation épuisée n'aspirait qu'à la paix, à cette date pénible où le pas de l'étranger souillait encore le sol de la France.

Au début de sa carrière, il avait pensé que le pays, bientôt fatigué d'un commerce monotone, se lèverait tout entier, un matin, au son du clairon, et que ses goûts, ses instincts, son génie militaire allaient pouvoir se donner un libre essor; mais quand il avait vu dix années s'écouler sans qu'aux exercices du soir il succédât autre chose que des théories dans les chambres, tout espoir avait disparu. Il avait enseveli ses désirs au fond de sa valise, toujours faite en vue d'un départ, et cherché dans le bataillon même une compensation à ses chagrins.

Son fanatisme ne lui laissait aucun repos; dans le jour il maniait quelques hommes sur le terrain, et la nuit il conduisait des armées entières sur le papier. A l'exercice une petite dépression du sol représentait pour lui une vallée profonde, et une motte de terre une montagne énorme coupée de précipices et de ravins. Ses suppositions n'avaient pas de bornes, et l'invraisemblance frisait, dans son esprit, la réalité.

Jamais compagnie n'avait autant manœuvré que la sienne, jamais soldats n'avaient assisté à autant de batailles que ceux qu'il commandait; du matin au soir, ils étaient en tenue de campagne, et ne sortaient même en ville qu'avec le pantalon dans les guêtres et la gamelle sur le dos; en tous temps ils étaient mobilisés.

Il arrive un moment dans la vie où le caractère se modifie, où les idées vieillissent avec le corps, et où la fougue de la jeunesse est remplacée par le calme et le sang-froid.

A cette phase de l'existence l'homme, devenu sérieux, pense au mariage; il choisit une compagne et partage avec elle ses tristesses, ses joies, ses espérances : le soir, une bouche souriante fait oublier dans un long baiser les fatigues du jour, et dispose aux travaux du lendemain.

Gosly, devenu capitaine, avait songé à ce grand acte de la vie : il s'était absenté pendant quinze jours seulement, et avait ramené avec lui, au bout de ce temps, une femme légitime.

Durant deux mois on ne le voyait que huit heures sur douze au quartier ; le reste était consacré aux joies de l'intérieur.

Malheureusement cette existence était funeste à son tempérament : il maigrissait et ses hommes délaissés devenaient moins mobilisables.

Un jour il rencontra un soldat sans gamelle sur le dos et sans le pantalon dans les guêtres. Il s'arrêta stupéfait, une larme coula sur ses joues, et il jura de mettre fin à sa lune de miel.

Son fanatisme, alors, n'eut plus de bornes. Il initia sa femme aux secrets du service militaire et l'investit du commandement d'une de ses armées. Il y avait grande lutte tous les soirs : les deux généraux livraient combats sur combats, passaient des fleuves, construisaient des têtes de pont, traversaient des Saint-Bernard et venaient échouer à Montenotte, à Mondovi, à Iéna, à Austerlitz, même à Waterloo.

Enfin Mme Gosly, au moment de gagner une victoire, abandonna subitement, un soir, la partie : elle éprouvait de vives douleurs et réclamait la présence d'un médecin.

La nouvelle d'un accouchement renversa le capitaine; jamais il n'avait remarqué dans sa femme un changement physique, et jamais, non plus, elle ne l'avait entretenu d'un état anormal.

La légende affirme que Mme Gosly, toujours grisée par l'odeur de la poudre, ignorait elle-même sa grossesse.

A deux heures du matin une fille rose et blonde vint au monde. Elle tenait, paraît-il, une petite lance à la main droite et une couronne de lauriers dans la main gauche.

Ce fut un pronostic pour notre héros ; il la serra dans ses bras presque à l'étouffer et l'appela Minerve.

De ce jour on fit exécuter une retraite aux armées; elles rentrèrent dans leurs garnisons fictives, et on s'occupa acti vement de l'instruction de l'enfant.

Deux ans après, Minerve apprenait à lire dans la théorie·

. . . .

Homat avait le caractère le plus opposé.

Mis en demeure, à vingt ans, par sa famille, d'embrasser une carrière, il avait cherché celle qui pouvait lui offrir le plus d'avantages, et ayant entendu dire que le métier militaire est « l'art de perdre son temps », il s'était empressé de se faire soldat.

Plus d'une fois, depuis, il avait mordu son pouce; plus d'une fois il s'était dit que « perdre son temps » et « ne rien faire » ne sont point synonymes; mais le navire avait pris le large et il avait fallu naviguer.

Il s'était alors composé une manière d'être qui consistait à calculer tous ses actes en raison de la force physique à dépenser. Il ne faisait jamais un pas sans y être astreint, n'ouvrait jamais la bouche sans qu'on l'eût interrogé. Il arrivait ainsi à compenser en partie ses fatigues obligatoires et à donner un libre cours à son penchant le plus favori : la paresse.

Lorsqu'il perdit son père, il se trouva en possession d'une assez belle fortune.

Son premier soin fut, alors, de s'installer confortablement. Il se meubla à l'orientale, plaça partout, dans tous les coins, des divans et disposa des tapis, des coussins, de telle sorte, qu'on pouvait se laisser choir sans craindre de se blesser : quelque chose de moelleux amortissait le choc et invitait même à rester dans la position prise involontairement.

On ne le voyait presque jamais dans sa compagnie : il fallait une raison exceptionnelle pour qu'il s'y rendît; aussi lui arrivait-il, non-seulement d'oublier l'escalier qui y conduisait, mais même le chemin qui menait au quartier.

Un jour, en passant une revue du chef de bataillon, il présenta au supérieur une compagnie qui n'était point la sienne : il répondit néanmoins à toutes les questions qu'on lui posa et renseigna même sur la conduite de chaque homme.

Une autre fois, en se rendant sur le terrain d'exercice, il perdit une épaulette; un soldat s'empressa de la lui rapporter :

— Je l'avais vue tomber, marmotta-t-il, mais je pensais bien qu'il y aurait quelqu'un derrière pour la ramasser.

On s'étonnait, au régiment, de ne pas le voir malade dès le matin des jours de marche militaire; ce procédé, qui permet d'échapper à toutes les corvées, est connu depuis les époques les plus reculées, et devait l'être assurément d'Homat. Cependant il exerçait ses hommes aux fatigues, et le colonel voulait l'en récompenser.

Au moment où il allait être l'objet d'une distinction, le commandant du régiment eut la pensée de s'assurer par lui-même du nombre de kilomètres qu'il faisait parcourir à sa troupe. Il s'embusqua à peu de distance de la ville, sur la route que le capitaine choisissait toujours pour ce genre d'exercice.

Il vit la compagnie déboucher. Homat marchait en queue, regardant le sol et tirant déjà la langue. Puis les soldats tournèrent à droite et gagnèrent un petit bois touffu dont ils paraissaient bien connaître les issues.

Le capitaine fit former les faisceaux et resta là jusqu'au moment de rentrer au quartier.

Pour toute récompense le colonel lui fit parvenir huit jours d'arrêts.

Notre héros en recevant sa punition ne se troubla point :

— Hélas ! fit-il tristement, ce ne sont pas des arrêts forcés et je ne pourrai pas encore me reposer !

La légende raconte que cette nonchalance se manifestait même au milieu des dangers et pour la plus grande gloire d'Homat. Ainsi une fois son cheval se cabra si complètement, que le meilleur cavalier se fût laissé choir ; le capitaine lui, toujours placide, déjà trop secoué par l'animal, se contenta de lui dire lentement :

— Eh bien, Coco, j'attends ; quand tu voudras me laisser tranquille !

Deux compagnies tiraient un jour à la cible, séparément, sur des buts très rapprochés. Les troupes, mal placées, donnaient à leurs armes une direction telle, qu'à un moment de nombreuses balles vinrent siffler aux oreilles du capitaine. Il n'y avait qu'un pas à faire pour éviter les projectiles, mais Homat ne bougea pas : il se contenta de regarder piteusement à droite et à gauche, et d'envoyer un soldat prévenir la compagnie voisine de cesser son feu.

Pourtant il y avait une louange à son adresse, c'est qu'il reconnaissait sa grande nonchalance, et n'avait nulle prétention au zèle et à l'activité. Le colonel s'étant aperçu que le capitaine était seul dans sa compagnie depuis plusieurs mois, sans aucun officier pour l'aider dans le service, s'était empressé de lui envoyer un sous-lieutenant. Ce jeune homme n'était pas, par hasard, le plus fanatique du régiment, et quand il se présenta à son nouveau chef, celui-ci lui dit :

— Ah ! Monsieur, c'était, en vérité, bien assez de moi pour ne rien faire !

Notre héros était cependant érudit ; il aimait la lecture et retenait toujours quelque chose d'un auteur.

En lisant *Ovide*, il avait remarqué cette phrase : « Otez le loisir et vous supprimez tout l'art de l'amour. » Aussi la comprenant à sa façon, ne manquait-il jamais, chaque fois qu'on le plaisantait, de répondre :

— Lisez *Ovide*, vous verrez que j'ai raison.

Homat n'était pas marié ; il avait une grande frayeur des exigences du monde et surtout de celles d'une femme. S'il eût parfois consenti à recevoir des baisers, il n'aurait jamais voulu s'astreindre à se lever pour en donner ; aussi préférait-il rester seul : il se couchait quand il voulait, mangeait aussi lentement que son état l'ordonnait et personne ne le contrariait.

Pourtant cette nature indolente ressentait les effets du printemps : il aimait une fois par an, et chaque fois pendant une heure. Cette règle était connue au régiment et on s'en amusait.

Au jour convenu par lui, il faisait empiler des coussins et sortait. Il se rendait alors dans la principale rue de la ville et se plaçait à une devanture en croisant ses mains derrière le dos. Il paraissait contempler l'étalage, tandis qu'il se servait des vitres comme de glaces.

Chaque fois qu'une femme passait, il lançait sans se retourner une phrase annuelle et invariable : « Elle est belle ! »

Il lui arrivait alors d'adresser ce compliment à la femme de son colonel, de ses collègues, du préfet ; mais on le connaissait, bien qu'il ne connût personne, on riait et on passait.

Toujours il rentrait seul chez lui, personne n'ayant répondu à cette invitation pressante; mais chaque fois aussi, une femme bien renseignée frappait comme par hasard à sa porte :

— Entrez ! criait-il.

— Ah ! pardon, je me trompe...

— Non, non, vous ne vous trompez pas... vous êtes belle... entrez... venez vous asseoir... vous êtes belle... voici des gâteaux...

Et la jeune femme entrait et ne restait qu'une heure.

Ses camarades lui venaient ainsi en aide, tant était grand, à cette époque, l'esprit de corps.

. . . .

. . . .

La légende détaillée de ces deux héros se trouve à l'historique du bataillon de chasseurs. A l'appel de leurs noms on ne répond pas : « Morts au champ d'honneur » mais chacun se découvre ou présente les armes.

UN DÉSASTRE EN PLEINE MER

UN DÉSASTRE EN PLEINE MER

Jacques Holin, sorti de Saint-Cyr dans un mauvais rang, avait été classé dans l'infanterie de marine.

La perspective des voyages aux pays lointains, dans des contrées malsaines, attristait beaucoup sa famille qui, en vain, avait cherché partout pour lui un permutant.

Forcé de partir, d'abandonner la métropole et tous ses amis, d'aller courir les mers et explorer des régions inconnues, Holin avait été, tout d'abord, troublé par les larmes de sa mère. Mais au souvenir des récits de voyages qui avaient distrait son enfance, son imagination s'était enflammée, son esprit était devenu subitement aventurier et il avait pris bravement son parti, fort heureux même de son sort.

Il ne pensait à rien moins qu'à découvrir un nouveau continent, ou à soumettre une peuplade sauvage : il rêvait pour lui la gloire de Christophe Colomb ou la couronne de l'Araucanie.

Il ne devait avoir ni l'un ni l'autre ; il arrivait trop tard pour ne pas subir la destinée commune, pour ne pas commander le maniement d'arme à l'ombre d'un palmier ou sur le gaillard d'avant d'un transport.

Peu de temps après sa nomination, le colonel lui donna l'ordre de partir dans les quarante-huit heures, avec la deuxième compagnie, pour une des îles du golfe du Mexique.

Holin n'avait pas le temps d'aller embrasser sa famille : il se contenta d'envoyer ses tendresses par lettres, se dépêcha de fermer sa malle et de s'embarquer sur l'*Amazone*.

C'était au mois de mai. Un soleil brillant éclairait la ville et une douce chaleur se répandait sur le pont. La brise légère qui ridait la surface de l'eau gonflait les voiles à mesure qu'on les détachait des vergues et déplaçait insensiblement le navire.

La côte disparut peu à peu, les objets se confondirent avec la terre, et bientôt on ne distingua plus à l'horizon qu'une ligne noirâtre qui séparait le ciel et la mer.

Notre jeune officier n'avait jamais navigué ; il n'avait traversé l'Océan qu'en tournant les feuillets d'un livre et ne se doutait point qu'il existât à côté de la poésie des voyages une situation prosaïque dont les auteurs ne parlent jamais.

Le navire tanguait à peine qu'Holin était déjà sans connaissance au fond de sa cabine : il promenait un regard piteux autour de lui et ne prenait la force de se soulever que pour mieux s'affaisser.

Le médecin, appelé en toute hâte, ne lui avait donné aucun remède, et il se désolait d'un contre-temps qui le privait des charmes de la traversée.

Pourtant, au bout de quelques jours la santé revint ; il monta alors sur la dunette et se disposa à écrire ses impressions de voyage. Mais, au moment de jeter une phrase sur son calepin, il se sentit troublé ; ses mains s'accrochèrent convulsivement aux bords du navire et, comme pour mieux se pénétrer des beautés de la nature, il se mit à contempler tristement l'océan.

Un beau jour on cria : « terre » et chacun se prépara à débarquer.

Le jeune officier qui s'attendait à voir fuir des sauvages, fut stupéfait de distinguer une jolie ville, un port solidement construit; et, quand une foule de nègres vinrent offrir leurs services aussi poliment qu'en France, il s'avoua à lui-même que les écrivains mentaient impudemment. Sauf la température, la couleur des indigènes et le souvenir d'une pénible traversée, il se fût cru dans sa patrie.

Malheureusement, l'existence énervante de ces contrées est funeste aux Européens. Les mœurs qu'aucune morale ne tempère, jalousent sans cesse une nature luxuriante, dévergondée et laissent, après avoir brisé le corps, l'imagination s'abîmer dans l'impuissance.

Des femmes à demi nues passaient souvent au moment des exercices, troublaient l'immobilité des soldats et rendaient le commandement fiévreux. Des poitrines toujours découvertes, des jupons toujours relevés,provoquaient des désirs constants et Holin,après chaque manœuvre,pénétrait dans une de ces nombreuses cases que cachait une riche verdure, mais où vous attiraient des sourires et des gestes provocants. Il effeuillait là de nombreuses roses aux pieds d'une jolie mulâtresse, laissait passer le crépuscule et attendait l'aurore.

Il arriva que son sort fut celui de beaucoup d'autres, qu'il reçut l'ordre du médecin de rentrer de suite en France pour éviter la mort qui lui reprochait d'avoir trop vécu.

Il s'embarqua de nouveau, et le hasard voulut que ce fût encore sur l'*Amazone*.

Le vaisseau prit le large et le jeune vieillard que les agitations de la vie avaient bien autrement touché que, jadis, celles de la mer, commença à se méfier de la poésie des traversées. Mais le mal n'avait plus de prise sur ce tempérament usé et on eût dit qu'il se portait mieux que les marins eux-mêmes.

Le voyage promettait d'être charmant. De nombreuses Françaises étaient à bord et ne semblaient nullement inquiétées par le roulis. Les officiers annonçaient des programmes de

soirées et comptaient beaucoup sur un piano acheté à la dernière escale.

Le lendemain du départ, Holin était assis dans un fauteuil et contemplait la dernière lueur du soleil couchant, quand une jeune femme au bras de sa mère vint s'asseoir près de lui.

Il jeta aussitôt un cigare qu'il tenait dans ses doigts amaigris et se mit à la considérer.

Elle avait une chevelure abondante qui tombait négligemment sur ses épaules et qui cachait en partie une gorge superbe; ses yeux bleus dénotaient une douceur infinie, et sur son visage rayonnaient la grâce et la jeunesse.

Le malade tressaillit et crut avoir retrouvé son ancienne vigueur dans un souffle passager de l'amour. Il crut qu'en fuyant l'ombre des palmiers il fuyait aussi la ruine de sa santé, et qu'à mesure qu'il s'approcherait des côtes de France, il ressaisirait ses forces aussi facilement qu'il les avait perdues.

Il résolut donc d'engager une intrigue amoureuse.

Le soir, en prenant le thé, ce fut lui qui vint se placer à côté de la jeune femme.

A bord, on fait vite connaissance, les présentations ne sont point obligatoires.

La conversation s'engagea donc naturellement entre Holin et sa jolie voisine.

Une fête brillante avait été organisée pour le lendemain : le chant, les monologues, une pièce de comédie, rien ne devait y manquer. On avait même chargé le programme en prévision d'une mer houleuse qui eût empêché de danser et on consultait à toute heure le baromètre.

Le hasard voulut que l'Océan fût calme ce jour-là; c'est à peine si on remarquait quelques rides à la surface de l'eau : on eût dit une nappe d'huile dans laquelle le navire avançait doucement.

Après le dîner la soirée commença.

On savait par une indiscrétion d'Holin que Mme Jeanne de Lacerty (ainsi s'appelait la jeune femme) était excellente musicienne et on la pria de se mettre au piano.

Elle fut d'abord intimidée et pria Holin de se tenir près d'elle pour lui donner plus d'assurance.

Flatté de cette demande, celui-ci ne douta plus un seul instant que l'amour lui réservât encore de beaux jours; cette pensée lui donna une vigueur imaginaire ; une joie secrète envahit son âme.

Il se mit donc près du piano et tandis que le public écoutait dans un profond silence le premier concerto de Chopin, lui, savourait son bonheur.

Et, en effet, Jeanne commençait à aimer cette physionomie encore jeune et pleine de distinction. Séparée de son mari depuis deux mois, libre, indépendante, elle voyait avec plaisir Holin s'emparer de son cœur ; elle trouvait à ce jeu un charme nouveau, inconnu, qui la rendait heureuse.

Un soir, ils se trouvaient sur la dunette; tous les passagers étaient couchés; un officier de service seul faisait le quart sur l'avant; personne ne gênait leur entretien : on n'entendait que le mugissement des vagues et le sifflement de la brise à travers les cordages.

— Quelle belle soirée! dit Holin.

— Oui, semblable, répondit Jeanne, à celles de ce pays que nous quittons et où j'ai passé les meilleures années de mon enfance.

Le jeune homme tressaillit, mais il se remit vite de son émotion, tant il se croyait fort : on arrivait, en effet, au terme du voyage, on débarquait le lendemain et l'air de la France devait lui avoir déjà rendu la santé.

Il pensa que le moment était venu de profiter de la brise et de déplier toutes les voiles de sa barque.

Il prit le large et quand la terre eut disparu, qu'il n'eut plus pour témoin que le ciel et l'eau, il enlaça la jeune femme, lui embrassa les joues, les yeux, la chevelure, et l'étreignit avec passion et rage.

Elle, vaincue comme l'agneau tombé dans la gueule du loup, avait recommandé son âme à Dieu et s'était évanouie dans un spasme d'amour.

. . . .

On n'entendait que le mugissement des vagues et le sifflement de la brise à travers les cordages.

. . . .

Le lendemain, en hissant les bagages, on amena sur le pont un colis de forme humaine. On croyait à un meurtre et une enquête allait être ouverte, quand le cadavre se dressa sur ses jambes. Son visage, loin d'être pâle était pourpre et ses yeux larmoyants regardaient le sol.

C'est là que le navire d'Holin était allé échouer : c'est là que le jeune vieillard, impuissant dans la tempête, avait été cacher sa honte et son désespoir.

TABLE

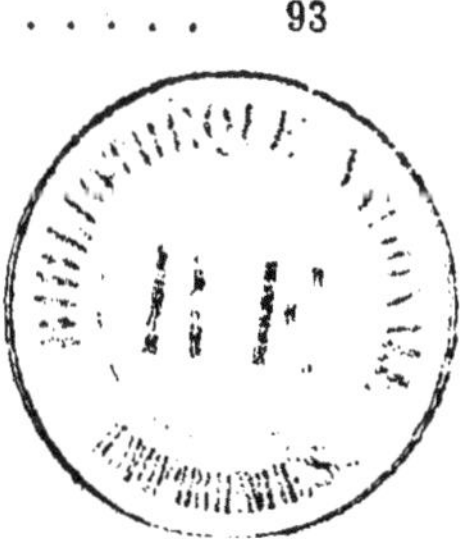

Paris.— Imprimerie G. Rougier et Cie, rue Cassette, 1.

Concordia per artes

Paris. — Imprimerie G. Rougier et Cie, rue Cassette, 1.

www.ingramcontent.com/pod-product-compliance
Ingram Content Group UK Ltd.
Pitfield, Milton Keynes, MK11 3LW, UK
UKHW020250220726
13923UKWH00002B/883

9 782329 105666